Die Straße mit 7 Namen
Von Wien nach Triest

Beppo Beyerl

Die Straße mit 7 Namen
Von Wien nach Triest

Löcker

Gedruckt mit freundlicher Unterstützung der Kulturabteilung
der Stadt Wien (MA7), Literatur.

© Erhard Löcker GesmbH, Wien 2013
Herstellung: General Druckerei, Szeged
ISBN 978-3-85409-650-4

Inhalt

Die 17-er und ich

Die erste Fahrt über den Semmering ▪ Spekulationen
über die Endlosigkeit ▪ Jung und fesch und aufgekratzt 11

Start in Wien

Am Matzleinsdorfer Platz strauchelt der Fußgänger ▪
warum der Wienerberg kein Berg ist ▪ Die Autostopper
vor dem Philipshaus 15

Die Flächen der Schopping-Zentren und
die der Parkplätze ▪ Wer lebt tatsächlich in der
Parallelgesellschaft ▪ Die Anlage wird videoüberwacht
zur Lobpreisung der kreativen Verba 20

Die Austria-Brauerei in Wiener Neudorf und das
Versteigerungshaus ▪ Die Oase in der Wüste
an der 17-er ▪ Finis itineris 26

Die Motoren der Luftwaffe in Neu-Guntramsdorf ▪
Die Baracken der Häftlinge ▪ Die Mühen
der Erinnerungsarbeit 30

Industrieviertel

Der Tod des Bahnhofes und das Leben
im Einkaufszentren in Neunkirchen ▪ Die Abstimmung
über die Räterepublik und der jüdische Friedhof
in der Kernstock-Straße 35

Der 85-Schlot in Ternitz und das größte Stahlwerk
weit&breit ▪ Kein Kaffee in Ternitz nah&kurz ▪ In Chicago
begann die Ära der Postmoderne mit der Sprengung der
Hochhäuser 46

Der Semmering

Das Mobileum in Schottwien ▪ Der alte Weg
auf der Reichsstraße ▪ Der alte Johann Gottfried
Seume stürmte hier zum Obelisk Nummer eins 55

Hans Stix, das Felsenkind aus Schottwien ▪ Vier
Episoden, erzählt vom malenden Greißler oder
greißelnden Maler 61

Auf der Passhöhe ▪ Die Veränderung der Landschaft
durch Schipisten und Parkplätze ▪ Der Schlüssel
zum Weinkeller des erzherzöglichen Hotels ▪
Vom Herrn Hans zum Panhans 63

Die Hotels auf der Hochstraße ▪ Der schwierige
Südbahn-Komplex ▪ Die Ereignisse auf den
jeweiligen Hotelterrassen 66

Bruck an der Mur

Das neue Tor zur Stadt ▪ Sechsmalige Belastungsproben
auf den Brücken von Bruck ▪ Was wird aus
dem Bahnhofsviertel? 73

Maribor

Auf den Spuren von
Johann Gottfried Seume und von Janez Puh 83

Das unaufhaltsame Verschwinden der Züge ▪
Die Verbindung von Maribor nach Klagenfurt ▪
Der Bahnhof in Studenci 88

Die Wanderung durch die Altstadt ▪ Die beiden
Brücken über die Drau ▪ sieben Namen
in hundert Jahren 89

Der Lent und der Vodni stolp ▪ Die
stara trta und die Weinverkostung 92

Die Sichtung von Bergen und Hügeln ▪ Wo gibt's
den guten Mariborčan ▪ Wo gibt's die gute alte gostilna 95

Die Schübe und die Brüche ▪ Die Gegenschübe
und die erneuten Brüche ▪ Die Widersprüche
sind die Hoffnungen. 98

Der Maister und sein Meisterstück ▪ Das Interregnum
und seine Folgen ▪ Vor der Grabstätte des Maisters 101

Die Nazis in der deutschen Stadt Marburg ▪
Die Toten und die Hingerichteten ▪
Die Strafe und die Rache 105

In der Stajerska

Endlich auf die Pohorje ▪ Wer sammelt die Dosen
auf den Straßen ▪ Ein Deutscher Nazi ist gleich viel
wert wie 100 unschuldige Slowenen 109

Ljubljana

Kaiserstraße ▪ Wienerstraße ▪ Titova ▪ Triesterstraße
oder Slovenska cesta. 115

Die Südbahn ▪ Die Fahrt nach Triest ▪ Die Fahrt
nach Wien ▪ Jason in der Stadt 119

Der große Baumeister ▪ Das große Staunen über seine
Pyramiden, Säulen und Obelisken ▪ Das große
Schmunzeln über seine Sitzbänke 122

Auf den Spuren des Meisters ▪ Die Stadt der Brücken
die Stadt des Wassers. 125

Der zweite Architekt ▪ Kein Leiberl in Laibach ▪
Die nackte Muse und der Dichterfürst 130

Im Karst

Ivan Cankar und der gelebte Pauperismus ▪ Die Schule
unter der Brücke der Ljubljanica ▪ Der Fluss
mit den sieben Namen 133

Wie man sich im Karst verirren kann ▪ Die Poeten
des Karstes sterben jung ▪ Die bizarren Schönheiten
verstecken sich tief unter der Erde 138

Ein Besuch in der Unterwelt ▪ Dante als Reisebegleiter ▪
Durch stille Dome und rauschenden Höllen 146

Sežana ▪ Die Übernachtung im Lager ▪ Der posttitoitische
Goldgräberstil und die Zerstörung der Grenzgebiete 149

Triest

Opicina ▪ Ich lande auf der Autobahn ▪ Der Obelisk
Nummer zwei ▪ Der berühmte Zweier von Triest 153

Der Herr Oberdan und sein Attentat ▪ An der Mole
landet das erst italienische Schiff ▪ Seine Majestät
der Kaiser schweigt 161

Die Südbahn

Der Kampf der Giganten ▪ Mehr Staat oder mehr
privat, das war schon damals die Frage ▪ Das Ende der
Internationalisierung und die Entstehung
der Nationalstaaten 171

Der Verseschmied der alten Südbahn ▪ Die
Grenzkontrollen und die gastronomischen
Einrichtungen ▪ Abschied vom Simpsonexpress 180

Letzte Fahrt nach Triest ▪ Gehören die Bahnen dem
Fast-Food-Konzern ▪ Endstation in Sežana 191

Danksagung

Hiemit möchte ich mich bei vielen Weggefährten bedanken, ohne deren fachkundige Beratung ich nicht ans Ziel gekommen wäre, speziell bei Tina Athanasiadis, Tone Jelen, Irmengard Kainz, Liesbeth Mansbart, Erik Modric, Walter Paier, Gerhard Pilgram, Damjan Prelovšek, Birgit und Ali Rigler, Borut Sommeregger, Hans Stix, Heinrich Vana und last but not least bei Eva Pappenscheller.

Die 17-er und ich

Die erste Fahrt über den Semmering ▪ Spekulationen
über die Endlosigkeit ▪ Jung und fesch und aufgekratzt

Es gab eine Zeit, da stand die Triester Straße – sprich die alte
17-er – für die Unbestimmtheit einer verwegenen Sehnsucht,
für die Ziellosigkeit eines vehementen Aufbruchs, und damit
ist nicht nur der reale Aufbruch von der elterlichen Wohnung
in den sogenannten Süden gemeint. Auf der Einser, der Bundesstraße 1, die wir in Hadersdorf vor der Haustüre hatten,
da kam ich nach Sieghartskirchen, nach St. Pölten, am Ende
gar nach Linz, alles Ziele, deren Erregungspotenzial höchstens von der vierstündigen Wagneroper am Karfreitag in der
Staatsoper übertroffen wurden, in die mich mein Vater einmal
mitgeschleppt hatte. Aber die 17-er! Die Triester Straße!
   Natürlich lassen sich diese überbordenden, aber signifikanten Gefühle einer signifikanten Epoche Ära zuordnen: In den
frühen Sechzigerjahren war die Motorisierung soweit fort-
geschritten, dass fast jeder Haushalt stolz über ein eigenes
Auto verfügte, und von Vaters Einkommen blieb so viel übrig, dass unsere Familie im Sommer »auf Urlaub«, sprich in
den weit entfernten Süden, zum total entlegenen Meer fahren
konnte. Freilich nur konnte, denn meine Eltern rieten zur Vorsicht, regierten doch in einem der zur Frage kommenden Länder die Titoisten, und zusätzlich zu den Titoisten herrschten
noch die Partisanen, und im Übrigen waren sowieso alle Jugos. Und im anderen Land siedelten die Katzlmacher, die sind
prinzipiell falsch, seit sie uns damals verraten haben, und au-

ßerdem sind sie Gauner, die einem prinzipiell anschmieren, höchstwahrscheinlich sind auch viele Gfraster dabei. Also zogen meine Eltern zumeist das stille Dorf in Tirol vor, mit dem hohen Kirchturm und den Pelargonien auf dem lang gestreckten Holzbalkon jedes Bauernhauses.

Aber zwei- oder dreimal ging's doch in den Süden. Da fuhr mein Vater mit seinem weißen VW-Käfer auf der Südautobahn bis Wiener Neustadt – weiter ging die damals nicht. Also die Südautobahn ging, und wir saßen dabei im Auto.

So richtig setzte die Sehnsucht ein, als wir die schnurgerade fade Strecke durch das Steinfeld absolviert hatten und uns durch die Ortskerne in Ternitz und in Gloggnitz kurvten. Die Sehnsucht stieg, als auch wir anstiegen, nämlich über die engen Serpentinen hinter Schottwien, rechts die wilden Felslandschaften vor Augen und links die Wallfahrerkirche zu Maria Schutz, und wenn die Straße drehte, dann sah ich hinter mir die Ausläufer der bizarren Felsen und vor mir die Wallfahrerkirche. Und Vater fluchte wild am Fahrersitz, weil entweder ein dämlicher »Sonntagsfahrer« oder gar ein vermaledeiter »Fernlaster« es wagten, den 1500-er an der vollen Entfaltung seiner Motorleistung auf heimtückische Weise zu behindern.

Und die Sehnsucht erreichte den ersten Kulminationspunkt auf der Passhöhe am Semmering, die zudem noch als Landesgrenze fungierte. Dann, im mir völlig unbekannten Mürztal, da begann die terra incognita, die Ketten fielen, der Ausbruch gelang, es hub an die kleine Freiheit.

Die große ist es nicht geworden, weil ich ja an Vaters weißen Käfer gebunden war, auf der Hinterbank zwischen Koffern und Taschen hockend, und weil es sich nicht schickte, einen Zwischenstopp oder eine Besichtigung oder gar eine Erkundung der Gegend vom autokratisch kurvenden Lenker des Fahrzeugs einzufordern.

An jenem Nachmittag, als mir mein Vater im Hafen von Triest auf der berühmten Mole das Geheimnis des Meeres zeigte, erinnerte er sich an den Streifschuss in seine rechte

Hand, den er viele Jahre früher in einem Gefecht an der Ostfront erhielt, und nach der Versorgung mit Morphium wurde er aus der Gefechtszone in Sicherheit gebracht und verweilte in einem Lazarett an der Ostsee. Und an dieser Ostsee hatte er zum ersten Mal das Meer gesehen, froh über sein Missgeschick und glücklich, der fürchterlichen Front entkommen zu sein.

Und dort auf der Mole dachte ich mir ein wenig bekümmert: Das also ist das Meer? Mh. Einen Berg, sagen wir die Rax, den kann man erblicken, über steile und bizarre Felsen kann man die Blicke schweifen lassen, bei forschen Türmen am Kamm können die Blicke halten und zu ersten Berechnungen über Bekraxelungen einladen. Und das also ist das Meer? Nichts ist banaler als die Betrachtung der Endlosigkeit. Und ich spürte sie, ich schluckte sie, ich verzehrte sie, ich inhalierte sie. Und nichts ist banaler als das Gefühl der Endlosigkeit in mir selbst.

Das ist doch seltsam. Mit dem Land Italien und seinen Bewohnern verband man damals Erscheinungen wie einen lässigen Lebensstil, ein gewisses unbekümmertes Verhalten, ein rebellisches Outrieren, kurz: das moderne Leben. Doch ich war viel zu jung, um mich mit diesen Klischees zu beschäftigen, ich stand auf der Mole in Triest, blickte auf die kreischenden Seemöwen und dachte: Das soll nun alles gewesen sein?

Ein paar Jahre später – im Sommer nach meiner Matura – war es soweit, ich war schon ein wenig älter und trampte alleine in die Freiheit. Das Gegenteil von eingespannt ist losgelassen, und je weniger Kleidung im Rucksack verpackt ist, desto leichter fühlt man sich dabei. Und der Süden war nach Joseph Roth das Meer, ein Meer aus Sonne, Freiheit und Glück. Um das zu erreichen, startete ich – wie damals üblich – an der Triester Straße beim Philips-Haus. Bis dorthin kam ich mit der Straßenbahn, dann stellte ich mich in die aufgefädelte Reihe der Autostopper. Mein Ziel war klar: Griechenland, damals die Spitzendestination aller, die aufbrechen wollten und die Wimpel »auf und davon« an ihren Rucksäcken befestigt hatten. Der Weg dorthin war mir allerdings eher unklar, genauere Hinweise waren höchstens Störfaktoren, die einem vom rechten Weg abhielten, schließlich hatte ich nicht einmal eine Landkarte mitgenommen, denn wozu braucht man eine Landkarte, wenn man einfach abhauen will.

Klar war also der Start – Triester Straße, Philips-Haus. Ein Angehöriger des Österreichischen Bundesheeres nahm mich mit, ich erinnere mich schon wieder an die Ortsdurchfahrten von Gloggnitz und Ternitz, vom Semmering blieben diesmal keine Eindrücke, und als ich am Nachmittag irgendwo bei Graz das Auto des Bundesheerlers verließ und am Straßenrand weiterstoppte, da war ich nach einer Stunde in einem verheißungsvollen Niemandsland. Die Nacht verbrachte ich in der Jugendherberge von Maribor, und am nächsten Tag nahm mich ein Niemandslandbewohner nach Rijeka mit – die Nacht verbrachte ich bereits am Strand der Adria, irgendwo in einem Vorort von Rijeka. Als ich aufwachte, blickte ich von einem Felsen in das glitzernde schäumende wogende Meer. Schnell kletterte ich zum Strand hinunter, legte den Rucksack und die Kleider ab und sprang ins Wasser. Als ich die kreischenden Seemöwen erblickte, sang ich »And the seagulls they are a-smiling« von Bob Dylan, und wenn sie mich anlächelten, war mir klar: Die große Freiheit ist es nicht geworden. Die kleine vielleicht.

Start in Wien

Am Matzleinsdorfer Platz strauchelt der
Fußgänger ▪ Warum der Wienerberg kein Berg
ist ▪ Die Autostopper vor dem Philipshaus

Aus Wien hinaus führt die Triester Straße, eh klar. Weiters die
Brünner Straße und die Prager Straße, die in Floridsdorf den legendären Spitz bilden, wobei die Brünner Straße nach Brünn und
die Prager Straße – man wird's nicht glauben – nach Prag führt.
Und dann kommt noch die Linzer Straße, die so ein bisschen die
Mariahilfer Straße fortsetzt. Das war's aber schon mit den schönen und gut klingenden Namen der Ausfallsstraßen. Der Rest
sind Gerasdorfer Straße, Leopoldsdorfer Straße und Mauerbacher Straße, und die Triester Straße lacht sich den Buckel voll,
sticht sie zumindest betreffs ihres angestrebten Zieles konkurrenzlos aus der Stadt heraus und auf ihr entferntes Ende hin.

Also muss man am Matzleinsdorfer Platz starten. Früher war hier der Linienwall errichtet, vor dessen Tor, also au
ßerhalb der Vorstädte, startete der Reisende auf die Triester
Straße. Heute ist der Matzleinsdorfer Platz eine ziemlich verwirrende Kreuzung. Was heißt da schon Kreuzung, da kreuzt
nichts, da überschneidet sich alles, welch Geflecht von Überschneidungen, die auf verschiedenen Höhen stattfinden, also
im ersten Stock, auf Straßenniveau und unter der Erd, die verwirrenden Überschneidungen werden durch zusätzliche Dauerbaustellen in blinde Sektoren und tote Winkel erweitert.

Der unterirdische Fußgänger muss nach dem try-and-error-
System zum richtigen Aufgang hetzen, bis er tatsächlich das Ziel

seiner Begierde erreicht hat: Den Gehsteig der Triester Straße. Und jetzt bleibt eine Bestandsaufnahme niemandem erspart.

Eine sechsspurige Piste, auf der die Autos entweder stehen, weil sie nicht weiterkommen, oder flott fahren, weil sie weiterkommen. Selbst die Straßenbahn, dermalen der 65-er, der ursprünglich auf der Triester Straße fuhr, musste weichen und zuckelt nun auf der Knöllgasse. An den Rändern der Piste verschiedene Erscheinungen, die mit ihr in einem unentwirrbaren ursächlichen Zusammenhang stehen. Als da wären: Der Arbeitsstrich, die Männer stehen in Gruppen und warten auf die sie abholenden Fahrzeuge. Die Autobushaltestelle, laut Busfahrplan erreicht der Busfahrer das Hotel Binder in Mönichkirchen – das Hotel Binder gibt's schon seit Jahren nicht mehr, geblieben ist nur mehr die Bushaltestelle, ebenso erreicht er den Ort Gainfarn und überraschenderweise den Ort Mitsubishi. Die Secondhand-Autos, die Fiestas um 6990 Euros, die Ecosports um 7990 Euros. Die Sex-Clubs für die Laufkundschaft mit ihren überraschenden Namen wie Medusa-Club, und zu den Sex-Clubs gesellen sich die Beauty-Saloons. Ob für Menschen oder für Hunde, erkennt man an den Preisen in den Fensterläden. Aber auch da kann ein Amateur sich gewaltig irren.

Interessanterweise folgt ein Park, tatsächlich ein Park, der herpasst wie die sprichwörtliche Faust ins Aug, der Martin-Luther-King-Park. Und vom Martin-Luther-King-Park kann ich ins Triesterspital ausweichen. Welch tröstender und beruhigender Bau, gleich am Beginn der Straße nach Triest steht ein nach ihr benanntes Spital, in dem man die Strapazen und Blessuren zurücklassen kann, und das Spital ist voll mit quietschenden Gelenken und entzündeten Organen, und geheilt könnte ich mich dem Weiterweg nach Triest widmen.

Aber ätsch, das Spital heißt Sozialmedizinisches Zentrum Süd, und ich weiche schnell aus auf die andere Seite der Triester Straße, und auf der anderen Seite der Triester Straße befindet sich der Belgrad-Platz.

Dort, also auf dem Belgrad-Platz, pflegten die über die Triester Straße gen Wien ziehenden »Zigeuner« mit ihren Gespännen Halt zu machen, dort war ihr Treff- und Sammelpunkt, und zwar bis ins Jahr 1941. Damals schnappten sich die Beamten der Nazis alle dort lagernden »Zigeuner« und schickten sie auf den Transport. Es ist anzunehmen, dass alle Roma, Sinti und Lowara vom Belgrad-Platz in den Lagern der Nazis vergast wurden.

Im Jahr 2003 wurde dem Park offiziell die Bezeichnung Saranka-Park verliehen. Saranka war eine über das Geviert des Belgrad-Platzes bekannte Kräuterspezialisten und Salbenkennerin, auch sie wurde in den Gaskammern der Nazis umgebracht. Ihr Enkel heißt Mongo Stojka, er hatte Auschwitz, Buchenwald und Dachau überlebte (Tätowierung auf dem Oberarm: Z-5740) und einen gelegentlich mit rassistischen Sprüchen beschmierten Gedenkstein an seine Großmutter initiiert, ihr Urenkel ist der Jazz-Gitarrist Harri Stojka.

Das mit dem Gedenkstein ist ein Problem. Laut offiziellem Text kam die alte Saranka aus dem Clan der Lewara. Den hat es aber nie gegeben, denn Saranka – und mit ihr die Stojkas – gehören zu den Lowaras. Und noch ein Detail am Rande: eine alte Bezeichnung für den Saranka-Park lautete Heller-Wiese. Südlich des ehemaligen Sammelplatzes auf dem Belgrad-Platz, dessen Name übrigens nichts mit der Herkunft der Roma und Sinti zu tun hat, steht bis heute die 1890 von Gustav und Wilhelm gegründete Heller-Fabrik, die mit den Schokoladen und Zuckerwaren. Und da ich so gerne von Enkeln erzähle – der Enkel von Wilhelm Heller nennt sich vornämlich André und wurde ausgerechnet mit dem Lied »A Zigeuna mecht i sein« berühmt.

So. Nach diesen beiden side-steps fühle ich mich genötigt, die Reise nach Triest erst einmal zu unterbrechen und die weitere Strecke mit einem gewaltigen Satz zu überspringen. Denn, so meine Beschwichtigung, völlig klar, die Stadt ist da zum Autofahren und nicht zum Herumhatschen, selber schuld, wer an der größten Ausfallsstraße der Bundeshauptstadt sich in der frischen Luft tummeln will. Also reset, Neustart, zweiter Versuch, und so verschlagt es mich flugs nach Vösendorf.

Aber meine Erinnerungen sind heimtückisch, aufgeregt strecken sie ihre Flügel aus und plusternd gackern sie. Also darf ich nicht vergessen auf den Wienerberg, und zwar genau auf das Philips-Haus. Denn vor dem Philips-Haus stand ich – wie im ersten Kapitel bereits erwähnt – am Straßenrand als Autostopper und wartete zusammen mit zwanzig, dreißig Kompagnons an die zwei Stunden auf meinen Lift. Hingekommen bin ich mit dem 65-er, aber ich hätte auch den 165-er nehmen können, der bis nach Inzersdorf weiterfuhr. Aber der Süden Wiens ist dermaßen zerfranst, dass eine Rekonstruktion ein schwieriges Unterfangen darstellt.

Klar hingegen ist die Feststellung, dass der Wienerberg im Gegensatz zum benachbarten Laaer Berg nicht mehr als Berg wahrgenommen wird, nicht mehr als Wiener Berg, sondern als ein topographisches Revier, das vor allem ein Erholungsgebiet samt Golfplatz umfasst und eben Wienerberg heißt. Wo denn der Gipfel dieses geheimnisvollen Berges liegen könnte?

Im Jahr 1855 hatte ein gewisser Johann Baptist Gregosch ein Panorama der Wienerstadt gemalt, der fiktive Betrachter steht bei der Spinnerin am Kreuz auf dem Wienerberg. Die Triester Straße führt schnurgerade bis zur Eisenbahnbrücke, man überblickt das Arsenal, die Stephanskirche, somit die gesamte Stadt. Preisfrage: Könnte es sich beim Wienerberg wirklich um einen Berg handeln?

Die Flächen der Schopping-Zentren und die
der Parkplätze ▪ Wer lebt tatsächlich in der
Parallelgesellschaft ▪ Die Anlage wird videoüberwacht
zur Lobpreisung der kreativen Verba

Jetzt aber tatsächlich nach Vösendorf. Dort steige ich aus der
Badner Bahn, der Bahnhof heißt offiziell Vösendorf Shopping
City Süd, bei mir wird's eingedeutscht zu Schopping Süd. Ich
stehe auf einer Insel, links gigantische Flächen, fast falle ich
auf den Werbegag herein und erhärte auf kikantische Flächen.
Sprachlich haben sie mit dem Imperativ des Königsberger Phi-
losophen nichts zu tun, sie dienen ki-kantisch nur zum Parken
der Kundenautos, und hinter den ki-kantischen Parkflächen
folgt dann jene Stadt, die sich City nennt und ausschließlich
dem Schoppen gewidmet ist. Rechts gibt's natürlich auch noch
was, und zwar die Triester Straße. Also runter in die Unterführung, die mit mir aus der Badner Bahn gestiegenen Passanten
rennen Richtung Parkplatz und in der weiteren Folge Richtung
Schopping City Süd. Ich biege nach in der Unterführung nach
rechts ab, tauche wieder auf in den lichten Höhen und sichte
die »Eventhotel-Pyramide«. Ich wette mit meinem Diktaphon,
dass dem Schöpfer der »Eventhotel-Pyramide« die Grundzüge
der deutschen Sprache nicht ganz vertraut sind. Das hat man
von dieser üblen Parallelgesellschaft und deren unser Zusam-
menleben gefährdendes und unseren Fortbestand zerstören-
des Wirken. Also: Probieren Sie es in der Eventhotel Pyramide,
Vösendorf. Österreichs größte und einzigartige Businessloca-
tion bietet alles unter einem Dach: Executive Floor mit eige-
ner Executive Lounge. »42 Meter hohe Glaspyramide für bis zu
4.000 Gäste modernes Congress-Center großzügige Wellness-
und Badelandschaft.« Also, werter Herr Sarrazin: Wo ist die für
grammatikalische Purzelbäume sorgende Parallelgesellschaft
zu Hause: in der türkischen Vorstadt oder hier?
    Ich für meinen Teil spreche lieber tschechisch oder slowe-
nisch, to zni samozřejme lepe, und ich marschiere … ja wohin

denn. Mein alter Bruder Seume, Johann Gottfried Seume, du hast es auf deinem Weg nach Syrakus vor 200 Jahren leichter gehabt als ich, aber davon später. Ja, ich entdecke einen kleinen Fußweg gleich neben der Triester Straße. Auf einer Tafel lese ich: Privatgrund, Durchfahrt verboten. Links also die Triester Straße, rechts ein Bürogebäude mit der trefflichen Bezeichnung »Dienstleistungsimmobilien«, die Immobilien werden gerade von der Remax verkauft, und ich gehe bei Durchfahrt verboten weiter.

Dann folgt die Einfahrt, aber falsch, wie konnte ich nur solch ein Wort verwenden, so eine Gurke. Es folgt nämlich der Drive-in zu Hornbach und Merkur. Da geradeaus nichts mehr weitergeht, sehe ich mich gezwungen, auf dem Drive-in zu gehen, und stehe schon wieder auf einem kikantischen Parkplatz. Wir haben frühen Nachmittag, der Parkplatz ist eigentlich ziemlich voll, Autofahrer parken ein, andere parken aus. Ab und zu schleppt ein Käufer, ein Konsument, ein Schopper, sein Kistl oder Kastl zu einem der abgestellten Autos. Ich als Fußgänger bin ziemlich deplaciert, schlängele unsicher auf Fußgängerzubringern durch die Parkplatzflächen, die ab und zu von einem der in Niederösterreich so beliebten Kreisverkehre unterbrochen werden, weil ein Kreisverkehr in der Regel vom Landeshauptmann eröffnet wird, ich streiche durch die Parkplätze von X-Center, Y-Center und Z- Center, ich lese mit Verwirrung und Konsternierung ein Schild in deutscher Sprache mit dem aufputschenden Text: Einkauf in Bestzeit, bis ich Vösendorf verlasse und Brunn am Gebirge betrete.

So. Über Brunn am Gebirge ist schon soviel gewitzelt worden, ich halte den Mund: Es kann ja nicht jedes Brunn hochalpin an der Glocknerstraße liegen. Zudem habe ich etwas gefunden, was bei genauerer Betrachtung einem Gehsteig entspricht, und so ist einem munteren Trab kein Hindernis in den Weg gestellt.

Oh doch. Das Hindernis ist eine Quergasse in Richtung Westen. Und die heißt Josef Hesoun-Straße! Ja, wir sind in

Niederösterreich! Und da gibt es nicht nur das dominante und allumfassende Raiffeisenimperium, nein, es gibt im Wiener Becken auch die stählernen Traversen der gewerkschaftlichen Dominanz. Ich muss anhalten, blicke gegen Westen und gedenke der sozialdemokratischen Paradekarriere vom Automechaniker über Bauarbeitergewerkschaftsvorsitzenden bis zum Sozialminister. Und jetzt nur Josef-Hesoun-Straße? Nein! Warum nicht Jolly-Hesoun-Piste? Oder wenigstens Jolly-Hesoun-Highway? Welch toller Name wäre das für die fad klingende Südautobahn! Und dort werden angesiedelt die Centers – sowieso klar – also die Headcenters der Autobahnbauer, der Kraftwerksbauer, der Wennmeinstarkerarmeswill-Zubetonierer.

Übrigens ich kann mich noch recht gut erinnern an eine öffentliche Rede des Ministers Hesoun – er stand auf einer Tribüne irgendwo zwischen Rathausplatz und Burgtheater. Ich zwängte mich zu den mit Bussen nach Wien gekarrten und zwischen Rathaus und Burgtheater aufgestellten Voitharbeiter. Und der Minister forderte im kalten Dezember des Jahres 1984 die aufgebrachten Arbeiter auf, doch schleunigst in die damals besetzte Hainburger Au zu gehen und dort gefälligst für Ordnung zu sorgen und aufzuräumen. Massiver Beifall von den Voitharbeitern.

Seine Familie erweist sich als traditionstreu und bleibt auch in der nächsten Generation den Flitzern auf dem Beton verbunden: Eine der größten Firmen in Brunn am Gebirge ist die Josef Hesoun Transport Gmbh.

Und schon habe ich Brunn am Gebirge gequert und verweile in Maria-Enzersdorf.

Dort erfordert selbst der Liese Prokop-Platz keine Pause, aber mit dem Sport, da komm ich schon auf die richtigen Gedanken, denn links, – links ist ein Ort im Wirtshaus, hat Herr Professor Jandos damals in der Mittelschule bei den Schotten erklärt, also jetzt genau: Auf der Ostseite, da folgt das Bundessportzentrum Süd, das wohl dem Bund gehört, und ein Stückerl weiter, da folgt ein Fußballstadion, das dem Herrn

Trenkwalder gehört. Hinter der Zusehertribüne – jetzt haben wir eine neue Typologie für ein hässliches und unzulässig in der Landschaft herumstehendes Gebäude: Zusehertribüne. Also hinter der Tribüne gibt es zwar keinen Gehsteig, aber ich kann bequem auf den leeren Parkplätzen einen Weg suchen. Und es bleibt mir nicht erspart zu rechnen. Also.

Wenn ich alle Parkplätze zusammenrechne, wie groß wird die Fläche sein? Locker 1000 mal 1000 Meter, also ein Quadratkilometer. Maria Enzerdorf hat 8.202 Bewohner. Jeder Bewohner hat demnach einen Parkplatz von 122 Quadratmetern. Das entspricht genau einer Fläche von 12 mal 10 Meter. Und diese Fläche steht die meiste Zeit im Jahr leer. Die paar lächerlichen Ausnahmen sind jene Samstage, an denen dieser Verein mit dem Namen Trenkwalder ein Heimspiel absolviert. Meiner Rechnung nach etwa 20 Tage im Jahr. Und Jolly Hesoun hockt drüben in seiner Straße in Brunn am Gebirge und freut sich klammheimlich über die exorbitante Betonisierungsdichte im Ausmaß Jolly Hesoun maximal.

Dass ich nicht vergiss: Herr Richard Trenkwalder ist der Chef aller Leiharbeiter. Willst Du etwas bauen, ein Kraftwerk, ein X-Y-Z-Center, ein Center muss es natürlich schon sein, und sind dir die Lohnkosten zu hoch, dann geh zum Trenkwalder. Aber sag nicht Leiharbeiter, da wird's schon einen englischen Begriff geben, und sprich von Personaldienstleister. Dienstleister, schon wieder so ein schönes deutsches Wort aus einer uns nicht erklärbaren und unverständlichen Parallelgesellschaft.

Aber man muss schon sagen: Herr Trenkwalder ist ein Trendsetter. Früher, ja früher, da gab es Werksmannschaften, historische Firmenmannschaften wie die Linzer VÖEST, die sowohl ihre Kicker als auch ihre Fans zu 90 Prozent aus der eigenen Belegschaft rekrutierten. Aber die sind ja alle zerschlagen, filetiert, ausverkauft, und nun entstehen GmbHs, oder KGs, oder wie immer so was heißt, und diese Firmen halten sich im Rahmen ihrer Öffentlichkeitsarbeit unter Direktive ihrer Marketingstrategielieferanten – einen Fußballverein. Was heißt einen: Zwei, drei, vier, in jedem Land einen. Der Chef aller Leiharbeiter hält sich jenen Verein, der dereinst Admira hieß. Und der Chef aller Roten Stiere hält sich einen Verein, der früher Austria-Salzburg hieß. Und es ist Gott sei Dank der Beharrlichkeit der Wiener Austria-Fans zu verdanken, dass die Veilchen nicht von Frank Stronach als FC-Magna in sein Firmen- und Parteiimperium eingegliedert wurden.

Egal, ich vergesse, dass der offizielle Trinkpartner von Herrn Trenkwalder ausgerechnet Villacher heißt, bitte, ich kann nichts dafür, auf dem Plakat steht groß Trenkwalder, und drunter: offizieller Trinkpartner Villacher, und hetze weiter auf einem Gehsteig, bis ich einen großen Rasen und hinter dem Rasen das Center der EVN sichte. Endlich, ein Rasen, aber keine Blumenwiese, sondern ein vollkommen gleichgeschalteter Rasen, der auf den massiven Einsatz von Spritzmittel verweist. Natürlich führt der Gehsteig durch ein Privatgelände – das der EVN. Jetzt bin dabei, jenen Zustand zu passieren, von dem die Desozialisierer träumen. Die Gehsteige sind privatisiert und die Fußgänger müssen für die Passage eine Benützungsgebühr verrichten. Aber nein, welche Freude. Ich sichte eine Tafel: Privatweg. Durchgang bis auf Widerruf gestattet. Drunter das nächste Schild: Anlage wird videoüberwacht. Achtung, neues Verbum: Ich videoüberwache. Nein, ich videoüberwache nicht. Ich werde videoüberwacht. Und seitlich noch ein Schild: Gemeinde wird vom Sicherheitsdienst überwacht.

Tja, was soll ich jetzt tun? Werde ich schon überwacht? Schaut mir tatsächlich jemand zu? Und heult sofort die Sirene, wenn ich den Rasen betrete? Bin ich dann auf der schwarzen Liste der EVN? Oder ist die gesamte EVN sowieso eine einzige schwarze Liste?

Weitere Fragen: Wer überwacht die Überwacher? Die Überwacher-Überwacher. In diesem hierarchischen System von Überwachungen: Wer ist da ganz oben an der Spitze der Überwachungspyramide? Die Frau Innenminister? Oder schon ein privater Security-Dienstleister?

Schnell weiter. Links – also gut, Herr Professor Jandos, ich habe Ihre Lektion gelernt: Im Osten, da höre ich den Geräuschpegel der sausenden Autos auf der Triester Straße. Die verläuft auf einem Damm und kann von Fußwegen nicht erreicht werden. Also geradeaus weiter und zum Reisenbauer-Ring. Nein, keine Formel 1-Rennstrecke, der Reisenbauer-Ring. Eher eine ringförmig angeordnete Wohnanlage. Die Fußwege aus den jeweiligen Wohntrakten führen im Kreis, oder in Schleifen, und man kommt nicht hinaus, weil im Osten landet man auf dem Damm der Triester Straße, also Endstation, und im Norden und Süden auf den Parkplätzen der Wohnanlage, ebenfalls Endstation. Auf den Schleifenwegen werden zumeist Hunde an der Leine geführt, um dortselbst Gassi & Gacki zu machen, der Schöpfer dieses Doppel-G kriegt von mir einen goldenen Hundenapf. Bei diesen Gassi&Gacki&Gängen – jetzt haben wir schon das g im Triplepack – tritt übrigens der Einzelhund eher sporadisch auf. Die Tendenz geht eindeutig zum Doppel- oder Dreifachhund, und zumeist sind es junge weibliche Wesen, die diese Gassi&Gacki-Produkte an ihren Leinen halten. Über die näheren Zusammenhänge sollen die Hundepsychologen sich ihre Hirne zerbrechen.

Die Austria-Brauerei in Wiener Neudorf und das Versteigerungshaus ▪ Die Oase in der Wüste an der 17er ▪ Finis itineris

Knapp vor Wiener Neudorf entdecke ich ein kleines übrig gebliebenes Wegerl und schleiche auf diesem zur Triester Straße. Freilich weiß ich von früheren Besuchen, dass die Triester Straße jenen Ort, dem sie einst Leben und Prosperität brachte, nun vollends zerstört hat. Und freilich ist mir die klassische Antinomie bewusst: Da zerstört die Straße den alten Ortskern. Also brauchen wir eine Autobahn, um die Ortschaft zu retten. In die intakte Landschaft rund um den Ort bauen wir

demnach eine breitspurige Autobahn, damit der Durchzugsverkehr umgeleitet wird. Und was passiert? Die Autobahnen
werden gebaut und natürlich auch benutzt, hin ist die ehedem
intakte Landschaft, aber der Durchzugsverkehr durch den alten Ortskern, der verschwindet erstaunlicherweise nicht von
einem Tag auf den anderen, nein, der Durchzugsverkehr ist
uns überraschenderweise auch geblieben. Jetzt haben wir also
beides, die Autobahnumfahrung und den Durchzugsverkehr.

Diese Situation wiederholt sich beliebig oft an der Triester
Straße. Deshalb wiederhole ich in meinem Text: Die alte 17-er,
die durch das Zentrum führt, wird substituiert durch eine groß-
räumige Umfahrung, um das historische Zentrum zu entlasten.
Was zu einer klassischen Antinomie führt: Die neue Umfahrung wird eine vielbefahrene Schneise und Trennlinie. Und der
alte Ortskern bleibt trotzdem zugestopft vom Autoverkehr.

Also Wiener Neudorf. Es wird Zeit, meines historischen
Mitmarschierers zu gedenken: Johann Gottfried Seume. Dieser Johann Gottfried Seume hatschte genau, aber jetzt so ziemlich genau vor 200 Jahren von Wien nach Triest, und dann
weiter nach Syrakus, sein Buch heißt: »Spaziergang nach Syrakus«. Und er hatte es sicher leichter als ich, weil man damals
auf der Triester Straße noch gehen, noch wandern, noch marschieren konnte. »Nur Mut!«, schrieb er. »Damit kommt man
auch in der Hölle durch!«

Seume startete am 10. Jänner 1801 in Wien, also mitten im
Winter. Und die erste Tagestour brachte ihn bis Schottwien.
Nun, das soll glauben, wer mag, ich halte Kollegen Seume
für einen Aufschneider, für einen Schwadronierer, für einen
Nicht-reinen-Wein-Einschenker. Nach Schottwien sind es
von Wien 90 Kilometer, und auch wenn Seume nach eigenen
Angaben am Abend nicht anhielt und in der Finsternis wei-
terging, hätte er Siebenmeilenstiefel gebraucht, um am Abend
Schottwien zu erreichen.

Also nur Mut, und durch Wiener Neudorf. Einige historische Häuser blieben bestehen, wenn auch mit neuem Wir-

kungsfeld, wie Motorradzubehör oder Videoverleih. In einem alten Haus die Pizzeria »Monaco«.

Das vorgerückte »Versteigerungshaus«. Viele meiner Freunde kennen es als »Versteigerungshaus« und erzählen mir, dass sie dort die halbe Einrichtung ihres Domizils erworben haben. Bei meinem Besuch begegne ich Gartenzwergen, Hutschpferden, Plastikblumen und dem wahrscheinlich speziell für Freunde der deutschen Sprache angebotenem »Walnessset«. Wer würde ahnen, dass ausgerechnet das Versteigerungshaus zu den Räumlichkeiten der großen Austria-Brauerei gehörte! Die Austria-Brauerei, oder auch Brauerei Herzfelder, labte den Durstenden von 1769 bis zum Anschlussjahr 1938, ehe sie ausgerechnet – Herzfelder! Worauf das wieder verweist! – im Anschlussjahr an die Brau AG verkauft wurde. Fünf Gartenzwerge für den, der mir erzählt, was mit dem Herrn Herzfelder in der Nazizeit passiert ist.

Ja noch was hätte ich beinahe vergessen. Die Badner Bahn überquert die Triester-Straße! Das klingt vielleicht altbacken, ist aber eine Sensation: Da gibt es tatsächlich Ampeln mit Rot- und Grünlicht, bei Rotlicht müssen sich die Autos auf der Triester Straße hundertprozentig einbremsen und die Garnituren der Badner Bahn rumpeln über die Triester Straße!

Die Pfarrkirche Maria Schnee verkommt im Abseits, nach der Überquerung des Mödlingbaches folgt das »Alte Rathaus«, 1493 errichtet, das wie eine Kirche aussieht, weil es dereinst tatsächlich eine Kirche war. Als nunmehriges Kulturzentrum erschöpft es sich ebenfalls ein wenig im Abseits.

Vom »Alten Rathaus« führt ein Fußweg weiter, und der überquert erst die Schienen der Badner Bahn. Dann bremsen im Westen Betonsperren, sie verhindern, dass ich auf eine mickrige Wiese hatsche. Reste einer ehemaligen Straße führen mich hingegen direkt und ungebremst auf die Triester Straße. Fast bin ich versucht zu schreiben: Dort überfährt mich ein Auto und dann bin ich tot. Jetzt liege ich auf dem Friedhof von Wiener Neudorf. Ende der Geschichte.

Aber auf der anderen Seite der Straße existiert ein Gehweg! Also marschiere ich drüben weiter. Wie ich ohne Verunfallung nach dorten hinüberkomme, bleibt allerdings mein Geheimnis.

Links eine Reihe von Hallen. Rechts, also im Westen, die Triester Straße, dann die Trasse der Badner Bahn, dann eine Reihe von riesigen Centers, die da heißen Atlas oder Büro Center B 17.

Ich trotte weiter auf dem Gehsteig, bis ich die Oase erreiche, eine willkommene Erquickung nach der Wüste der B 17. Die Parkplätze ziehen sich in die Länge, 200 Meter marschiere ich bis zu deren Ende. An Ende des Parkplatzes folgt eine Wiese, in der Wiese steckt ein Schild: Privatgrund, Durchgang verboten. Weder über die linke Flanke noch über die rechte kann ich meinen Weg zu Fuß fortsetzen, und ich konstatiere mit einem Stoßseufzer: Jawoll, jetzt habe ich doch das Ende erreicht. Finis itineris, oder dead end of the way.

Und der Herr von Seume kannte auf seinem Weg nach Syrakus solche Probleme nicht. Vielleicht hat er es doch in einem Tag bis Schottwien geschafft.

Die Motoren der Luftwaffe in Neu-Guntramsdorf ▪ Die Baracken der Häftlinge ▪ Die Mühen der Erinnerungsarbeit

Nein, nichts mehr erinnert an die großen Flugmotorenwerke-Ostmark, die östlich der Triester Straße ihren Standort hatten. Ich biege beim Badeteich mit dem verlockenden Namen Ozean ab und folge der Industriestraße. Auf dem Areal der Motorenwerke des Dritten Reiches steht heutzutage das Industriezentrum NÖ Süd.

Ein kleines unscheinbares Marterl, nein, es ist kein Marterl, weil es nicht an Märtyrer, sondern an KZ-Gefangene erinnert, also ein kleines Erinnerungsstanderl gedenkt der Zwangsarbeiter, die in den Motorenwerken im Zweischichtbetrieb für den Endsieg der Deutschen Luftwaffe schufteten. Etwa 3000 Häftlinge – Höchststand 3170 – hausten in 24 Baracken, andere Quellen sprechen von 34 Baracken, das KZ-Lager war wie üblich durch Stacheldraht und Wachtürme geschützt. Ich stehe vor dem Gedenkstanderl – ein kleiner Platz mit zwei Bankerln und einem Abfallkübel, in dem viele Anrainer ihr Gedächtnis und ihre Erinnerung schütteten – und überblicke die eingezäunte und unverbaute Fläche, auf der ich noch ein paar Gebäudereste zu erkennen vermeine, ansonsten fallen mir die Schafe auf, die weidend um ein paar Panzersperren kreisen. Was haben sich die tapferen Helden in den Wachtürmen eigentlich gedacht? »Mitleid allein ist kein großer Businessplan«, nein, das haben sie nicht gedacht, aber das lese ich auf einer Plakatwand in der Industriestraße, die an Größe das Gedenkstätterl bei Weitem überragt.

Was mit dem Motorenwerk passiert ist, das ist bekannt. Erst wurde es von Bomben der Alliierten getroffen, was übrigblieb, wurde nach 1945 gesprengt, was dann noch übrigblieb, wurde sodann von Einheimischen geplündert, bis nichts mehr zu plündern war.

Als die Motorenwerke noch in Betrieb waren, konnten sie wegen planerischer und organisatorischer Mängel nicht viel zum Endsieg beitragen. Statt der geplanten Produktion von monatlichen 1.200 Motoren der Sorte DB-603 wurde ein Höchststand von gerade 365 Stück im April 1944 erreicht. Diese Zahl sank bis August 1944 auf 120 Motoren, im September auf 98, im Dezember auf 77. Im Frühjahr 1945 kam die Produktion gänzlich zum Erliegen.

Bald in Vergessenheit geriet hingegen das Konzentrationslager an der Industriestraße. Soll ich jetzt sarkastisch hinzufügen, kein Wunder, hier gab es ja nichts zu plündern? Die Bomben der Alliierten, die eigentlich die Motorenwerke hätten treffen sollen, schlugen in mehreren Baracken ein- eine unbekannte Anzahl von Toten. Dann erfolgte am 2. April 1945 die

Räumung des Lagers – dabei wurden 38 Häftlinge erschossen – und der Fußmarsch nach Mauthausen. Nach Angaben der Historiker wurden zwischen 146 und 243 Häftlinge »auf der Flucht« erschossen. Wer Glück, eine robuste Gesundheit und einen drahtigen Schutzengel hatte, erreichte am 14. April 1945 das Lager Mauthausen.

Und ich sitze auf dem Bankerl vor der Erinnerungshütte mit einem großen Fenster und der Oberlichte und muss konstatieren: Es ist der Pfarre Neu-Guntramsdorf und ihren Aktivisten zu verdanken, dass das Konzentrationslager nicht völlig der Vergessenheit verfiel. Sie suchten nach Zeitzeugen, kontaktierten Historiker, kramten in Archiven. Zwei Hinweisschilder auf der Industriestraße und das Erinnerungsstanderl verdanken ihnen ihre Existenz.

Auch bald der Vergessenheit verfiel die größte Wohnanlage, die die Nazis im damaligen Groß-Wien errichteten, die »Franz-Holzweber-Sieldung«. Sie wurde 1938 bis 1941, also bald nach dem sogenannten Anschluss, errichtet und nach dem Leiter des Angriffes auf das Bundeskanzleramt am 24. Juli 1934 benannt. Die tödlichen Schüsse auf Bundeskanzler Dollfuß verbuchte Kamerad Otto Planetta, doch bekanntlicherweise wurden die Putschisten überwältigt und deren Führer – unter ihnen Franz Holzweber und Otto Planetta – am 31. Juli 1934 hingerichtet. Nach der Machtübernahme durch die Nazis galten die beiden als Märtyrer der Bewegung, sie wurden als kampfbereite Recken in den arischen Himmel erhoben. Man taufte Straßen, Plätze und Siedlungen mit ihren Namen.

So auch die Franz-Holzweber-Siedlung in Neu-Guntramsdorf. Ich nähere mich ihr – heutiger Name: Siedlung Neu-Guntramsdorf – von der Triester Straße, neben mir der oben schon erwähnte Ozean, ein bis heute hoch geschätzter Schwimmteich. Insgesamt fünf Häuserzeilen ragen in die Wiesen, hinten werden sie aufgefangen von einer langen querlaufenden Häuserzeile. Ich folge ihr und erreiche den Mittelpunkt der Siedlung, den Hauptplatz, der heute den Namen Dr. Theodor Körner-Platz trägt. Von hier aus folgen noch einmal fünf bis sechs Häuserzeilen, die in Richtung des Badeteiches »Ozean« zeigen.

Die eingeschossigen Hausfronten mit ihren Dacherkern sind vollkommen gleich, es gibt keine Unterschiede oder Varianten oder individuelle Lösungen, ungebrochen bleibt die absolute Herrschaft der Monotypie. Auch wenn die Anlage nunmehr von der »Neuen Heimat« verwaltet wird, bleiben in der neuen Heimat sogar die zahlreichen Rasenflächen austauschbar und auf erstaunliche Weise unbenutzt.

Beim Hauptplatz weist ein stolzes Dachtürmchen auf die germanischen Vorbilder der Architekten Hans Schmidt und Heinz Schultze. Im Hausdurchgang Plakate vom örtlichen Kameradschaftsbund und von den SPÖ-Pensionisten. Übrigens waren die Architekten nicht sehr einfallsreich. Die gesamte Anlage entspricht in ihrer Typologie ziemlich genau anderen Wohnbauten der Nazis, etwa der Siedlung Lerchenfeld in Krems.

Nur zur notwendigen Klarheit: Den heutigen Bewohnern will ich nichts vorwerfen. Viele von ihnen wissen gar nicht, dass sie in einem Nazibau wohnen, manche glauben, die Häuser seien bald nach dem Krieg errichtet worden. Und viele der Bewohner haben mit den Nazis nichts am Hut.

Will man jedoch die Schatten vertreiben, die die Geschichte wirft, so muss man sich ihnen stellen. Die Sonne der Anonymität führt zu keiner Antwort.

Und jetzt Schluss mit der Erinnerungsarbeit und mit dem Auto schnell weiter auf der 17-er, schließlich will ich ja nach Triest kommen, um dort in der Bar Tivoli einen Cappuccino zu trinken, und da fehlen mir noch ein paar entscheidende Kilometer. Richtungsweisend muss ich allerdings erwähnen, dass die Triester Straße entgegen meinen ersten Erwartungen keine önologische Grenze bildet. Nein, auch östlich der Trasse gedeihen die üppigen Reben der Thermenregion, etwa in Oeynhausen oder in der Rotweininsel Tattendorf. Hingegen ist klar: Ich manövriere bereits durch die geschlossene Kernzone der Sozialdemokratie. Jeder Hauptplatz heißt nämlich Dr. Karl-

Renner-Platz. In Traiskirchen führt der Dr.-Karl-Renner-Platz sogar zu einer Richtungsentscheidung: Entweder links weiter auf der Triester Straße, die hier Wiener Neustädter Straße heißt. Oder rechts weiter zu Semperit. Und weil es »immer geht«, dann muss Semperit jetzt auch drankommen. Gegründet wurde die Gummiwarenfabrik im Jahre 1898 vom Ungarn Josef Miskolczy, der immer gehende Name wurde erst 1906 geschaffen. In ihrem Expansionsstreben kaufte die Firma in Traiskirchen die Gummifabrik in Wimpassing, dereinst gegründet von Johann Reithoffer, und ein Werk namens »Sava« im slowenischen Kranj.

Nun folgt die Geschichte der Abwicklung, die sich in zahlreichen Variationen in vielen Fabriksorten an der Triester Straße ereignete und die den nicht gerade geglückten Umgang mit dem Ende der Phase der Industrialisierung dokumentiert. Die Abwicklung beginnt damit, dass man die Firma in mehrere Teilfirmen spaltet und über die Teilfirmen ein strukturelles Dach stülpt, das man Holding nennt – so passiert in Traiskirchen im Jahre 1983. Dem Mehrheitseigentümer CA wird es so ermöglicht, eine Teilfirma nach der anderen zu verkaufen. Auch die übrigens satte Gewinne erwirtschaftende Teilfirma »Reifen« wurde 1985 an den Konkurrenten Continental AG Hannover verkauft. Der wiederum kündigte nach einer im Verkauf festgelegten gesetzlichen Schonfrist nach und nach die Belegschaft, was schlussendlich zur Schließung des Werkes führte. Der letzte Reifen wurde in Traiskirchen am 19. Juli 2002 hergestellt.

Also biege ich am Dr.-Karl-Renner-Platz sicherheitshalber doch nach links ab. Im Lichte dieser Entscheidung wird klar: Einzelheiten sind Einzelheiten, und der lineare Fluss ist ein linearer Fluss, und wenn die Einzelheiten nur auf sich selbst verweisen und sich in isolierte Sondergeschichten verheddern, dann stockt der lineare Fluss und ich kann nie im Leben in der Bar Tivoli in Triest einen Cappuccino trinken. Also weiter über Sollenau und Wiener Neustadt ins Steinfeld.

Industrieviertel

Der Tod des Bahnhofes und das Leben
im Einkaufszentren in Neunkirchen ▪
Die Abstimmung über die Räterepublik ▪
Der jüdische Friedhof in der Kernstock-Straße

Neunkirchen ist ein klassischer und prototypischer Fall. Dort
gibt's den Hauptplatz. Die Straße, die vom Hauptplatz nach
Süden – genau nach Südwesten führt, heißt Triester Straße.
Und die hinauf in den bitteren Norden – genauer nach Nordos-
ten führt, das ist die Wiener Straße. Neunkirchen ist also der
Klassiker auf der Route von Wien nach Triest.

   Freilich gibt's auch die Südbahn. Aber ich muss ohne Bitter-
nis und Häme, sozusagen sine ira et studio konstatieren: Das
Verkehrsmittel Eisenbahn ist ein trauriges Relikt aus dem 19.
Jahrhundert. Das 20. Jahrhundert funktionierte vorerst unter
dem Aspekt des Automobils, weil man erwartete, dass die individuelle Mobilität steigt mit jedem Automobil, das auf unseren Pisten und Straßen herumkurvt. Blöderweise ist in der
Zwischenzeit genau das Gegenteil passiert. Weil nicht der gesamte Planet planetendeckend mit Pisten und Straßen verbaut
werden kann, weil aber zugleich vom angestrebten Ziel der
Autoproduzenten »x Millionen Einwohner gleich x Millionen
angemeldete Kraftfahrzeuge« nicht abgewichen wird, sinkt
schön langsam die individuelle Mobilität mit jedem neuen
Kraftwagen, der auf unseren Pisten und Straßen rotiert. Im 21.
Jahrhundert wird dann der absolute Stillstand des fließenden
Verkehrs erreicht sein, und wenn dann alles stockt und staut,

wird das 21. Jahrhundert eine völlig neue Form der Mobilität finden müssen. Vielleicht wird der Mensch auf seinem linken Bein hüpfen, oder er wird auf beiden Knien rutschen, oder er wird für immer zu Hause bleiben müssen.

Die Bahnhöfe jedenfalls werden Schritt für Schritt und Zug um Zug devastiert. Die Klosettanlagen sind zumeist zugesperrt – nicht in Neunkirchen; die Türen sind kaputt – in Neunkirchen kann man sie noch öffnen; vom Bahnhof kann man nie auf direktem Wege, sondern nur durch Unterführungen den Bahnsteig erreichen, die Bahnhöfe sind längst abgetrennt von den Gleiszonen, sie werden ohnedies bald verkauft oder abgerissen. Zusammen mit den Bahnhöfen werden auch die ehemals dem Ballungsräume oder Ortssubzentren bildenden Bahnhofsplätze devastiert. Und damit betreten wir ein neues Terrain, bei dem es um die Ordnung des Raumes und die Planung der Landschaft geht. Und da waren die Bahnhofsbereiche vor hundert Jahren reichhaltig besetzte Orte, nach dem zentral gelegenen Hauptplatz und dem betrieblich genutzten Marktplatz der wichtigste Ort in der Stadt. Der Bahnhofsplatz war ein System. Ein System mit repräsentativem Hotel, mit der klassischen Imbissstube, dem »Bahnhofsbeisl«, mit den Plätzen für die Droschken, später für die Taxis, im Bahnhofsgebäude, das dermalen Empfangsgebäude hieß, mehrere Schalter mit Bediensteten, die Auskunft gaben und Fahrkarten verkauften, das Klosett, das in den kleineren Bahnhöfen 100 Meter vom Stationsgebäude entfernt, bei größeren hingegen integriert war, mit dem Gepäcksaufbewahrungsschalter und mit der vor allem für Wanderer wichtige Trinkwasserstelle. So nebenbei erwähnt erblickte man an zentraler Stelle auf einer Tafel auch die Meereshöhe des Bahnhofes.

Gut. Ich betrachte mir den Bahnhofsplatz in Neunkirchen: ein kaputtes Billard-Cafe, ein Nachtlokal, das eindeutig schon ein paar bessere Nächte gesehen hat, ein Bahnhofshotel mit dem schillernden Namen Schubert, das einer desolaten Ruine ähnelt. Das einzige Tröstende ist ein kleines improvisiertes Standerl, an dem man sich mit Zigaretten, Bäckereien und Kaffee laben kann.

In Anbetracht dieser Misere neige ich dazu, beim Standerl einen Kaffee zu trinken und ein paar Visionen zu entwickeln. In einer dieser Visionen taucht immer jenes famose Duo auf, dessen nachhaltiges Bestreben darin bestand, die Struktur der Bundesbahnen vollends zu zerstören. Und als Staatssekretär Kukacka&Minister Gorbach ist dies dem famosen Duo auch ziemlich gelungen. Und wenn jetzt ein Klosett im Zuge unbenützbar ist, weil die Reinigungsfirma erst in drei Tagen ihre Mitarbeiter schicken kann, die sie von einer Personalleasingfirma leihen muss, dann nehme ich das famose Duo am Krawattl, schleife es in das unbenützbare Klo und drücke ihm einen ordentlichen Fetzen in die Hand. Und dann muss der feine Herr Kukacka und der noch feinere Herr Gorbach putzen und putzen und putzen. Und wenn sie Feierabend schreien, dann nehme ich sie weiter fest beim Krawattl und dann müssen sie putzen und putzen und putzen. Und wenn sie glauben, sie kommen irgendwann einmal raus aus dem Klosett, dann sag ich ihnen: nein, ihr Totengräber, durch diese Tür sicher nicht. Und wenn sie nicht gestorben sind, dann putzen sie noch heute. Ende meiner höflichen und diskreten und zuvorkommenden Vision.

Also vergessen wir die Ankunft mit dem Zuge und nähern wir uns der Bezirkshauptstadt Neunkirchen mit dem PKW auf der Siebzehner. Heißt ja auch Neunkirchner Allee, die geradlinige Straße durch den Föhrenwald im Steinfeld. Neunkirchen ist klar, das liegt da vorne und bestand wahrscheinlich aus neun Kirchen. Warum Allee, da müssen wir unsere Kaiserin Maria Theresia befragen, die klugerweise auf der Anpflanzung der genügsamen Föhren im unwirtlichen Steinfeld bestand.

Und schon erblicke ich bei der Einfahrt in Neunkirchen Erfreuliches. Breit angelegte Spitäler, breit angelegte Schulen, sogar eine Krankenpflegeschule. Busstationen entdecke ich nicht, dafür riesige Flächen für Parkplätze. Eh klar, ins Spital fährt man ja mit dem Auto, ebenso zur Krankenpflegeschule.

Und zur Bestätigung meiner These folgt ein »Jungwagen- Gebrauchtwagengeschäft.«

Die Siebzehner leitet mich zum Zentrum und erreicht die Eisenbrücke über die Schwarza. Von da an verlässt sie die historische Route, die über den Hauptplatz geführt hatte, und umkreist in einem lockeren Bogen die Altstadt. Ich marschiere hingegen zu Fuß über die Eisenbrücke in die Innenstadt.

Rechts war das große Gelände der Schraubenfabrik »Brevillier&Urban«. Auf dem riesigen Gelände ist nunmehr ein Einkaufszentrum entstanden, das in seiner abgrundtiefen Hässlichkeit gerade noch mit einem Disneyland vergleichbar ist. Ich meide jeden Blickkontakt, um nicht meine prinzipielle Zuversicht für das Überleben auf diesem Planeten zu erschüttern, und erreiche die wunderschöne Altstadt. Auf der rechten Seite sichte ich ein Denkmal für die Widerstandskämpfer des Ortes. So ich meine, waren das mutige Kämpfer wider die Diktatur der Nazis. Am Sockel des Denkmals ein Text von Anton Wildgans. So ich meine, würdigte dieser in seinen Texten das vaterländische Österreich und verstarb im Jahre 1932. Warum nimmt man nicht gleich ein Waggerlzitat, um die Widerstandskämpfer zu ehren?

Endlich, der schöne Hauptplatz mit der Pestsäule und dem Rathaus. Eigentlich ein Neubau, weil das alte Rathaus am 4. April 1945 zerstört wurde, obwohl am 2. April bereits im durch die Kriegshandlungen nicht zerstörten Rathaus die erste Sitzung der postnazistischen Verwaltung stattfand. Aber zwei Tage später wurde im Postamt, das sich im Rathaus befand, ein Brand gelegt, entweder durch streunende Nazis oder durch einheimische Plünderer, und der Brand demolierte das gesamte Rathaus. Ein österreichisches Schicksal, das ja in ähnlicher Form der Wiener Stephanskirche genau so widerfuhr wie der Villa Krupp in Berndorf.

Am Hauptplatz kann man verweilen. Geschäfte, Buchhandlungen, die Fleischhauerei Seidl mit der Raxwurst und der Schwarzataler Wurst, Konditorei, Beisln. Ich trinke eine

Melange und richte nach dem Umrühren drei im Gymnasium zu den Schotten erlernte Stoßgebete zum Heiligen Antonius, auf dass der schöne alte Hauptplatz nicht vollends vom neuen Einkaufszentrum substituiert werde. Dann blicke ich auf das »Alte Bräuhaus«, in dem bis 1880 der hopfige Gerstensaft hergestellt wurde. Ursache für das Einstellen der Bierproduktion: Die Schwechater Brauerei erwarb das »Alte Bräuhaus«, sie benutzte es als Lager und stellte flugs die Produktion ein.

Weiter auf der Triester Straße. Links und rechts zweigeschossige Häuser, manche depraviert, manche restauriert. Ich streiche in die Seitengassen und sichte die liebliche Lage der Werkskanäle, die zur Bildung von kleinräumigen Strukturen verhelfen. Der Rückbau der Triester Straße vor zwanzig Jahren hat der Stadt eindeutige Vorteile gebracht. Neue Durchgänge wurden am Hauptplatz zu den Hinterhöfen errichtet, dadurch wurden die Hinterhöfe erschlossen, teilweise erweitert und somit wiederbelebt. Damals war kurzfristig eine wilde Beisl&Barszene ausgebrochen, deren Einflussbereich sich von Wiener Neustadt bis zum Schwarzatal erstreckte. Die um ihre Nachtruhe fürchtenden Anrainer – angeblich handelte es sich nur um eine Person – protestierten gegen den Lärm der Beisl&Barszene, worauf diese nach einigen Schritten der Behörden auf Nimmerwiedersehen aus Neunkirchen verschwand. Viele Lokale standen einige Zeit leer, jetzt tragen sie mehr oder weniger zwangsläufig bei zum Entstehen von zahlreichen österreichischen Glücksspiellokalen und türkischen Kepabbuden.

Beim Rückweg gehe ich am devastierten Bahnhofsplatz vorbei und gelange zur Kernstockgasse. Ottokar Kernstock war jener Priesterdichter aus dem gleichfalls auf der Triester Strecke liegenden Maribor, der nicht nur das gottverdammte Hakenkreuzlied für die Fürstenfelder Nazis schrieb, sondern auch während des Ersten Weltkrieges betete:

»Steirische Holzer holzt mir gut
mit Büchsenkolben die Serbenbrut!

Steirische Jäger trefft mir glatt
Den russischen Zottelbären aufs Blatt!
Steirische Winzer presst mir fein
Aus Welschlandfrüchten blutroten Wein!«

Nun, nach ein paar Minuten auf dieser Kernstockgasse erreiche ich den jüdischen Friedhof. Ojemine, da wird sich der Hakenkreuzdichter aber nicht freuen, dass seine Gasse direkt zur letzten Ruhestätte der Angehörigen der semitischen Rasse führt. Ich lege auf das Grab von Ludwig Preis, gestorben 1943, und auf das Grab von Malvina Gansl, gestorben 1944, die symbolischen Steine und verharre ansatzlos im Schweigen, ehe ich zum Bahnhof zurückgehe.

Eine weitere Runde durch den Ort drehe ich mit Walter Paier, einem der grünen Stadträte von Neunkirchen. Oh Leser, bitte um Geduld, mein Weg nach Triest wird hier gestoppt, ich gehe geografisch in die Weite und historisch in die Tiefe. Schließlich ist die Geschichte der Triesterstraße auch die spannende Geschichte der Industrialisierung, und dann kommt noch eine spannendere Geschichte dazu, nämlich die der Deindustrialisierung.

Apropos in die Weite gehen. Die Schwarza, eben noch als wilder Gebirgsfluss durch das Höllental rauschend, geht hier bei Neunkirchen erstmals in die Weite, sie bildete mehrere Seitenarme, die später als Werkskanäle genutzt wurden. Die in der Ebene sich ausbreitenden Sumpflandschaften wirkten als natürlicher Schutz vor feindlichen Heeren, so entstanden schon in vorrömischer Zeit die ersten Siedlungen. In der Römerzeit überquerte die vom Semmering kommende Römerstraße hier die Schwarza, um die Legionäre über das heutige Bad Fischau zur Garnison in Vindobona zu bringen. Ab 1800 wurden an den Seitenarmen der Schwarza verschiedene Textilbetriebe errichtet und als ursprüngliche Zulieferfabrik entstand zwischen einem Werkskanal und der Südbahn die große Schraubenfabrik. Sie sollte als Schraubenfabrik oder als

Brevillier&Urban oder als B&U- AG ein Jahrhundert lang die Geschichte des Ortes prägen.

Nach dem Ersten Weltkrieg waren nach dem Abbröckeln der Märkte die Textilwerke nicht mehr zu halten, doch die Brevillier&Urban hielt, sie hielt bis zu tausend Beschäftigte, verfügte über eine werkseigene Fußballmannschaft und war durch die Gleise der Lokalbahn mit dem Schienennetz der Südbahn verbunden. Der geräumige Lokalbahnhof steht bis heute hinter den nicht mehr befahrenen Gleisen.

Über die Luftangriffe während des Zweiten Weltkriegs erzählt Walter Paier eine merkwürdige Geschichte. Die für die Rüstungsproduktion der Nazis arbeitende Schraubenfabrik wurde nicht getroffen von den amerikanischen Bombern, oder anders ausgedrückt, die amerikanischen Flieger verschonten zielsicher die Neunkirchner Schraubenfabrik, während sie zum Beispiel ein Gebäude mit Soldaten der Wehrmacht komplett zerstörten. Warum diese zuvorkommende Behandlung? Hatte die aus hugenottisch-französischem Adel stammende Dynastie Brevillier geheime Kontakte zu den Streitkräften der Alliierten? Verfolgten die Alliierten gesonderte Pläne für die Nachkriegszeit?

In der Nachkriegszeit folgte erst die Phase der Konsolidierung, der erneuten Prosperität. Erzeugt wurden in der B&U warm und kalt gepresste Schrauben, Konstruktionsteile aus Eisen, aus Stahl und aus anderen Metallen für den Motorenbau, für den Armaturenbau, für die Radio- und Elektroindustrie und für die Bauindustrie. Und die weltberühmten Bleistifte.

Schon vor 1980 wechselten einige Male die Eigentümer, wobei der neue Eigentümer stets eine Kollektion von Wundern versprach. 1983 ging die Fabrik in Konkurs, bald darauf wurde sie abgerissen. Einige Jahre bestand das riesige von der Schwarza, dem Mühlbach und der Wiener Straße abgegrenzte Areal nur mehr aus einer planierten Schutthalde.

Seit 2012 ist alles anders. Auf der Schutthalde wurde ein Einkaufszentrum errichtet, ein riesiger geschlossener erratischer

Block, von außen uneinnehmbar und uneinsichtbar. In diese Trutzburg des Konsums geht man nur als Konsument. Nein, falsch, gehen kann man nicht, weil es keine Bezüge zu den Gehflächen der Altstadt gibt, auch für Radfahrer ist nichts vorgesehen. Offenbar fallen Fußgänger und Radfahrer als Konsumenten nicht sonderlich ins Gewicht. Durch einen markanten Eingang fährt also der Konsument mit seinem Wagen in den schon optisch wie eine Blase aussehenden Einkaufskomplex. Freilich, das erinnert ein bisschen an das Fabrikstor, das die Schichtarbeiter des Morgens und des Abends passieren mussten, um in der Fabrik zu hackeln und schlussendlich Produkte zu erzeugen. Nun ist aber die Phase des Produzierens vorbei, es herrscht ziemlich absolut die Phase des Einkaufens, des Konsumierens. Der zentrale Kern der gesamten Blase besteht aus einem lang gestreckten Parkplatz, von dem die Konsumenten in die an den Rand gedrängte Ladenzone schlendern können.

Aja, dass ich nicht vergiss, das ganze heißt Panoramapark, weil das herrliche Rundum-Panorama, das man von Neunkirchen aus genießt, auf wunderbare Art zusammenschrumpft und nun auf die Dachzone des Einkaufszentrums gepasst wurde. Ein schöner Gag, könnte man meinen, aber statt der topographischen Angaben »Schneeberg« und »Hohe Wand« heißen die Berge jetzt »takko fashion« und »Roma Friseurbedarf«. So habe ich mir die Phase der Postindustrialisierung immer schon vorgestellt.

Ich stehe mit Walter Paier am hinter Ende des Panoramaparks. Er zeigt auf einen historischen Schmiedehammer, der jetzt die Mitte eines Kreisverkehrs bildet. Einer der wenigen Zeugnisse, die noch auf die Existenz der Schraubenfabrik verweisen. Dann zeigt er auf das noch stehende, aber schon ramponierte Kesselhaus. Er will daraus ein Industriemuseum machen. Aber ob es gelingt? Ein Nail-beauty-center und ein Bräunungsstudio wären vielleicht passender.

Weil es ins Buch kommen sollte, ich aber bislang keine geeignete Stelle dafür fand, möchte ich jetzt über den revolutio-

nären Elan der um ihre Rechte kämpfenden Arbeiter in Neunkirchen berichten. Wie jeder revolutionäre Elan wurde er von der Parteispitze der Sozialisten im Namen der strikten Parteidisziplin aufgefangen und damit auch abgeschöpft. Gehen wir ins historische Detail.

Entgegen den bleiernen Regeln der Partei wurde im Jahre 1896 in Neunkirchen der Generalstreik ausgerufen worden, und zwar von einem mährischen Anwalt jüdischer Herkunft namens Dr. Emil Berstl. Ende April 1896 begann die Bestreikung der Fabriken, die aber an der fehlenden Unterstützung durch die Parteispitze – sie operierte nach der Devise: Wir verhandeln mit unserem Gegner, aber wir stellen die Verhandlungsergebnisse nicht durch einen Generalstreik in Frage – scheitern musste. Als im Juli 1896 die streikenden Arbeiter aus ihren Werkshäusern delogiert wurden und sich der Abschiebung aus dem Ort ausgesetzt sahen, brach der Generalstreik in Neunkirchen zusammen. Dr. Emil Berstl zog sich murrend und knurrend, von der Partei wegen Linksabweichung gemieden, nach Wiener Neustadt zurück.

Doch die Geschichte geht weiter. 22 Jahre später wollten die lokalen Arbeiterführer in Neunkirchen eine Räterepublik gründen oder proklamieren oder konstituieren. Sie lesen richtig, eine Räterepublik in Neunkirchen und auch in Ternitz. Aber es blieb nur beim Wunsch.

Nach dem Ende des Ersten Weltkriegs und dem schlimmen Hungerwinter 1918 stieg die Unzufriedenheit der Bevölkerung. Arbeiter- und Soldatenräte nahmen ihre Tätigkeit auf, – aha, man spitze die Ohren: Arbeiterräte! Die neu gegründete kommunistische Partei verzeichnete viele Neuzugänge und erreichte in manchen Ortsteilen sogar die Mehrheit. Schnell entstand die Idee, im Schwarzatal eine autochthone Räterepublik zu proklamieren! Zu diesem Behufe traf man am 14. Juni 1919 in der Villa Syfert in Neunkrichen, nachdem schon tags zuvor in Ternitz stundenlang darüber debattiert wurde, wie und unter welchen Umständen und mit welchen Auswirkungen und zu welchem Behufe man denn eine Räterepublik eigentlich ausrufen könne. An besagtem 14. Juni 1919 beantrage ein Kommunist mit Namen Koritschoner ohne Umschweife nach leninistischem Vorbild die sofortige Ausrufung der Rätediktatur. Nach ausführlicher und weitreichender Debatte wurde völlig unleninistisch über den Antrag angestimmt. Und die Abstimmung erbrachte 13 Pro- und 28 Kontrastimmen: Die Räterepublik in Neunkirchen war somit abgesagt.

Der 85-Schlot in Ternitz und das größte Stahlwerk weit&breit ▪ Kein Kaffee in Ternitz nah&kurz ▪ In Chicago begann die Ära der Postmoderne mit der Sprengung der Hochhäuser

Der nächste perfekte Klassiker liegt drei Kilometer weiter und heißt Ternitz. Die den Ort querende Südbahn war Anlass für den Bau des Stahlwerkes, das Stahlwerk entwickelte sich durch seine Lage an der Südbahn, und die Produkte des Stahlwerkes – Schienen, Räder, – wurden wiederum an die Südbahn geliefert, freilich auch an andere Bahngesellschaften. Die Bahn war also in mehrfacher Weise verwickelt mit dem Ternitzer Stahlwerk, sie war einerseits dessen Ursache, andererseits auch dessen Folge.

Ursache war die Südbahn in einer doppelten Bedeutung. Bei der Trassierung der Südbahn über den von Puchberg in die Schwarza fließenden Sierningbach mussten mehrere Pulverstampfwerkstätten ihren Betrieb einstellen: Deren Explosionspotential hätte eine permanente Gefahr für den Betrieb der Südbahn bedeutet. Und die Südbahn, die damals noch Gloggnitzer-Bahn hieß, weil man mit ihr von Wien bis nach Gloggnitz fahren konnte, die hätte wahrscheinlich nicht am 5. Mai 1842 eröffnet werden können.

Zudem musste beim Bau der Brücke über den Sierningbach auch das genau an dieser Stelle errichtete Hammerwerk von

Josef Steinhauser schließen. Worauf der Hammerschmied Josef Steinhauser voll Gram zu seinem Amboss schritt und sich daselbst die Kugel in den Schädel jagte.

Die durch den Selbstmord des den Fortschritt behindernden Hammerschmieds freigewordenen Wasserrechte am Sierningbach wurden vom Gumpendorfer Stahlwarenfabrikanten Franz Miller erworben, dessen Antrag auf Errichtung eines neuen Hammerwerkes neben der Eisenbahntrasse bewilligt wurde. Nach mehreren Verkäufen erwarb schließlich der Westfale Alexander Ritter von Schoeller am 2. Februar 1862 um 240.000 Gulden die aus verschiedenen Öfen und Hämmern bestehende Anlage. Damit sollte eine Ära beginnen, die Ära des größten Stahlwerkes in Österreich, die zumindest bis 1945 dauern sollte.

Heute erkennt man noch die Ausdehnung der damaligen Fabrik: Im Norden wurde sie begrenzt von der Südbahn, im Süden von der Schwarza, im Osten mehr oder weniger vom Sierningbach. Nur mehr auf alten Bildern erkennt man die Ausrichtung der Fabrikshallen, die sich an den Schienensträngen der Südbahn orientierten und durch ein komplexes Gleissystem an sie angeschlossen waren. In den Hallen waren untergebracht: eine Schmiede, eine Schlosserei, Walzwerke, Gusshütten, Wasserräder, und ein Kran mit 200 Zentner Tragkraft. Wichtige Produkte: Schienen, Achsen für Waggons, Tender und Lokomotiven, Radsätze, Straßenbahnachsen, Straßenbahnreifen, darüber hinaus Werkzeuge, Maschinenteile, Ambosse und Schraubstöcke, Feilen und Raspeln und dergleichen mehr.

Auf der nördlichen Seite der Südbahn entstanden zur selben Zeit die Arbeiterhäuser, die ebenso geradlinig und geometrisch angelegt waren wie die Fabrikshallen auf der anderen Seite. Das war freilich ein System, die Eisenbahn war seine Achse, und die in Reih und Glied aufgestellten Arbeiterkasernen im Norden widerspiegelten in stark verkleinerter Form die klare Überschaubarkeit und die linearen Strukturen der Hallen im Süden, und die Direktoren der Fabriken waren froh,

dass die klare Überschaubarkeit und die genormten Strukturen auch den Privatbereich der Arbeiter im Norden vollkommen erfassten.

Und noch etwas entstand damit: Eine eigene in sich geschlossene Arbeitersiedlung, die zwar zur Fabrik in Bezug
stand, aber nicht zu den historisch gewachsenen Orten in der
näheren oder weiteren Umgebung. Als ähnliches Beispiel einer geschlossenen Arbeitersiedlung möchte ich das heute zu
Grammatneusiedl gehörende und durch die soziologischen
Untersuchungen in der Zwischenkriegszeit bekannte Mari-
enthal anführen.

Der Direktor und seine Dynastie – die Dynastie Schoeller –
war eine der Paradedynastien des aufstrebenden liberalen Ka-
pitalismus und gehorchte der im Zeichen des Neoliberalismus
auch heutzutage wieder herrschenden Devise: Die Rendite ist
mir alles und alles außer der Rendite ist mir nichts. Die Schoel-
lerwerke kauften alle Werke in der ferneren und weiteren Umgebung, die sich mit den Rohstoffen Holz und Kohle oder mit
ihrer Verarbeitung beschäftigten: Edlach, Hirschwang, Vor-
dernberg, Turrach, Murau, Unzmarkt, ja sogar die Mutternfab-
rik in Neunkirchen. Sie kauften jedoch all diese Werke, um sie
nach dem Kauf zu schließen, zu demontieren, oder ins Ternitzer Hauptwerk zu integrieren. Wem keine Vergleiche zur Gegenwart einfallen, ist selber schuld.

Leider kann ich nicht ins ehemalige Werkwirtshaus gehen,
um die Geschichte der bedeutenden »Ternitzer Stahl und Eisenwerke« zu verfolgen: Das Werkswirtshaus wurde zu einem »Fitnessstudio mit Garantie« umgebaut. Leider kann ich
auch nicht das in der ehemaligen Post untergebrachte Werks-
museum besuchen: An den Fenstern sind die Jalousien herun-
tergezogen, am Tor ist keine Informationstafel, ich läute fünf-
mal umsonst und muss schon längst pissen.

So gehts's aber nicht weiter, weil ohne einen Kaffee kann
ich die Runde nicht mehr fortsetzen. Ich setze mich auf ein
Bankerl und blätterte in den Annalen der Historiker.

Als sich nach dem Ersten Weltkrieg alles änderte, änderte sich auch alles für die »Ternitzer Stahl- und Eisenwerke«. Die Märkte waren abgebrochen, im klein gewordenen Österreich fehlte die Nachfrage, das gesamte Werk war viel zu groß, zu überdimensioniert für den kleinen verbliebenen Rest.

Schon damals agierten die Banken im Hintergrund, und als Entscheidungsträger hatten die finanzierenden Bankenkonsortien in der Zwischenzeit die dynastischen Systeme der Gründerväter abgelöst. Und die Banken bestimmten: Die Schoeller-Werke in Ternitz werden mit den Bleckmann-Werken in Mürzzuschlag fusioniert. Und so wurde 1924 die Schoeller-Bleckmann-Stahlwerke AG gegründet.

Schoeller&Bleckmann, Schöller-Bleckmann, Schöllerbleckmann, welch ein semantisches Gespann, das sich in den wachen aufmerksamen Geist meiner Jugend eingeprägt, festgesetzt, niedergeschlagen hat, wie ThurnundTaxis, Mautnermarkhof oder Fixundfoxi. Und zur niedergeschlagenen Dynastie gehört auch dazu, dass die letzte bekannt gewordene Person der Dynastie Bleckmann auf einen hohen Posten in der FPÖ gewirkt hatte und zudem mit einem notorischen Bankräuber verheiratet war. Hat Frau Bleckmann den Bert Brecht gelesen? Dann wüsste sie, dass es klüger ist, eine Bank zu gründen als eine Bank auszurauben.

Aber zurück zu einer Ära, in der die Banken noch die Schoeller-Bleckmanns berieten und nicht verkauften. Mit dem sogenannten Ach&Krach überstand die Fabrik die Wirtschaftskrise der späten Zwanzigerjahre und der damit erfolgten Kündigung vieler Arbeiter. Aber mit dem Etablieren der Nazis im Nachbarlande ging es spürbar aufwärts mit dem Stahlwerk: Die Schoeller&Bleckmanns stiegen mit dickem Auftragsvolumen in die hochstrebenden Rüstungsprojekte des Deutschen Reiches ein. Die dafür benötigten Zwangsarbeiter – lauter minderwertige Rassen – hausten im miesen Zwangsarbeiterlager in Blindendorf – etwa 2000 Männer – sowie im Bereich der Rohrbacher Spinnerei. Bis heute warten jene, die damals verreckt sind, und jene, die die Fronarbeit in den Werken überlebt haben, auf eine genaue historische Aufarbeitung. Eine Wiedergutmachung wird sowieso nicht mehr möglich sein.

Nach dem Ende der Nazi-Diktatur und der Befreiung reklamierten die Sowjets den für den Vernichtungskrieg der Nazis arbeitenden Rüstungsbetrieb für sich. Um die Demontage zu verhindern, beschloss die österreichische Regierung ziemlich schnell die Verstaatlichung der Schoeller&Bleckmann-Werke. Diese Konstruktion der »Verstaatlichten« hielt bis zum 12. Juni 1975, als unter Bruno Kreisky angesichts der einsetzenden Stahlkrise die »große österreichische Stahllösung« beschlossen wurde und die Standorte Leoben-Donawitz, Kapfenberg, Mürzzuschlag und Ternitz zur Holding »VEW« (Vereinigte Edelstahlwerke) fusioniert wurden. Doch Vauehweh hat sich nirgends niedergeschlagen und festgesetzt, die industrielle Ära neigte sich bereits dem Ende zu, die Stahlpreise sanken in den Keller, die Finalindustrie wurde sträflich vernachlässigt und im de facto großkoalitionär geführten Land in einer Art Arbeitsteilung den privaten Firmen überlassen worden. Nach und nach schloss man Teile des Werkes, bis es unter dem Protest der murrenden Bevölkerung am 8. September 1986 hieß: Tut mir leid, es ist so weit, jetzt sperrma zua.

Und somit wird es Zeit, den Rundweg auch ohne Kaffee zu absolvieren. Den hiemit zur Empfehlung frei gegebenen Rundweg der Gemeinde Ternitz mit insgesamt 19 Stationen starte ich beim Bahnhof, dem übrigens die Station 17 gewidmet ist. Vom Bahnhof schnell zur Brücke über die Eisenbahn.

Wenn ich den Ort selber erkunde: keine gewachsenen Strukturen, kein historisches Ortszentrum, keine erschlossenen Wohngebiete. Völlig im Gegensatz zur geschlossenen und hierarchisch aufgebauten Fabriksanlage. Freilich, Ternitz, das war ehedem ein kleines Dorf, entfernt vom Dorf die vielen Arbeiterkasernen. Rundherum standen noch ein paar Dörfer, wie Dunkelstein, Rohrbach, Sankt Johann. 1923 beschloss man dann eine Fusionierung: Die Fabrik mit den Arbeitersiedlungen und die drei Dörfer werden zur Großgemeinde Ternitz zusammengeschlossen. Aber noch immer gab es keine Strukturen, sondern eine Fabrik und untereinander nicht abgestimmte Dörfer. So wurde am 15. August 1948 die Stadt Ternitz gegründet und der Bundespräsidenten Karl Renner hielt im Kino die Stadtgründungsrede.

Jetzt existierte zwar eine Stadt, aber noch immer kein Zentrum. Da wurde Roland Rainer eingeladen, und von seinen Planungen blieben die Stadthalle, der Stadtpark, das Freibad und die Kirche übrig. Der so entstandene Theodor-Körner-Platz könnte fast so etwas wie ein Hauptplatz werden, wurde es aber leider nicht.

Ich überquere die Bahn und komme zum ehemaligen Werkswirtshaus – ja richtig, ich brauche einen Kaffee, und ein Klosett wäre auch nicht schlecht – und zum »Stahlstadtmuseum« in der alten Post, noch immer geschlossen. Gegenüber steht das Bürohochhaus der Firma Schöllerbleckmann, das mit seiner Antipode – dem alten 75-er Turm – ein reizvolles Spannungsfeld gibt. Also weiter zum als Zeuge vergangener Größe übrig gebliebenen 75-er Schlot, der 1921 für das Dampfkraftwerk errichtet wurde und die Station 4 des Stahlwanderweges markiert, in der Zwischenzeit schon ein Lieblingsfotoobjekt für die rund um den Erdball verstreuten Turmliebhaber dieser Welt. Auf der übrigens neu angelegten »Werksstraße« gehe ich die zwanzig Minuten nach Blindendorf zur Triester Straße, die hier hart am Berghang und am äußersten Rand des Tales verläuft. Ich konstatiere: Die Triester Straße hat keine historischen Bezüge zu Stahlstadt, ich sichte: Das Hotel mir gegenüber ist geschlossen, ich erkenne: Der Gehweg ist überhaupt gesperrt. Also zurück nach Ternitz, hinüber auf die andere Seite der Südbahn bis zur letzten Station des Wanderweges, dem letzten noch unverändert gebliebenen Arbeiterwohnhaus, eigentlich einer Reihe von Arbeiterwohnhäusern. Adresse: Dinhoblgasse 27.

Das Schild »Feuer beim Werksportier melden« ist noch befestigt, zur Südbahn hin erstreckt sich das Gemüsegartl, wichtig zum Überleben für die Schichtarbeiter. Franz Dinhobl hat in der Zwischenkriegszeit in diesem eingeschossigen Ziegelbau als Angestellter der Fabrik gewohnt, 1945 wurde er zum Bürgermeister von Ternitz gewählt.

Zu Fuß noch ein schönes Stückerl weiter, an der Karl-Waldbrunner-Wohnhausanlage vorbei, und ich stehe am Hans-Czettel-Platz fassungslos vor dem neuen Gemeindezentrum. Inmitten von Nirgendswas errichtet, Bezug höchstens zum Nirgendswas und den vielen leer stehenden ins Nirgendswas führenden Parkplätzen. Selbstverständlich keine Anbindung und keine Bezüge zu den Bewohnern in den Orten. Um den völlig überdimensionierten und als kraftvolle Selbstdemonstration der damals noch allmächtigen und kritikresistenten Sozialdemokratie errichteten Gebäudekomplex zu umrunden, brauche ich eine Viertelstunde. Ich steige auf den offenen ersten Stock, der die abstruse und wagemutige Bezeichnung Stadtplatz trägt. Kaffee gibt's hier keinen, das ist klar, auch ein Klosett erspähe ich nicht. Ein Mitarbeiter des ehemaligen Arbeitersamariterbundes grüßt mich freundlich, vielleicht hätte ich ihn dezent um Hilfe bitten müssen, schließlich bin ich der Einzige, der sich in das Gemeindezentrum verirrt.

Ich rufe meinen Freund Armin an, einen gebürtigen Ternitzer. »Weißt du, durch welche Aktion nach Ansicht der meisten Architekten der Ära der Postmoderne begann?« – »Ja freilich, mit der Sprengung der scheußlichen Hochhäuser in Chicago. Jahreszahl hab ich vergessen. Warum fragst du?« – »Das trau ich dir jetzt nicht zu sagen. Aber etwas anderes. Ich bin in Ternitz. Und zwar im neuen Gemeindezentrum.« – »Was willst du damit sagen?«, fragte Armin. »Kann man irgendwo in Ternitz auf einen Kaffee und auf ein Häusl gehen?« – »Das ist schwierig. Aber probier es auf der Rückseite der Stadthalle!« – »Danke, Armin«.

Es ist schon müßig zu erwähnen, dass die Türen zum Klosett des Bahnhofes geschlossen sind, im Gegensatz zu den Beschilderungen, die über eine Schließung zwischen 20 Uhr und 5 Uhr informieren. Meine Uhr zeigt gerade 15 Uhr zehn Minuten an, und ich wäre moralisch im Recht, wenn ich auf die verschlossene Klosetttüre im wahrsten Sinn des Wortes ordentlich scheißen würde.

Aber nein, ich gehe noch ein paar Schritte weiter, hinter der Stadthalle auf dem Theodor-Körner-Platz 3: eine gastronomische Einrichtung namens Fredo Cafe Lounge. Schnell die Türe auf und hinein ins Lokal. Ich bestelle bei der Kellnerin eine Melange und erspähe das Klosett. Ternitz ist gerettet.

Und womit beschließe ich die Querung der sozialdemokratischen Kernzone des Industrieviertels, in der jeder Hauptplatz mit absoluter Treffergenauigkeit nach Dr. Karl Renner benannt ist? Genau, mit dem Besuch des Dr. Karl-Renner-Museums in Gloggnitz. Es steht – das braucht nicht extra betont werden – in der Rennergasse und trägt die Hausnummer zwei.

Da von den Historikern genügend Material über den Säulenheiligen zweier österreichischer Republiken gesammelt wurde – belastendes und entlastendes, wobei das belastende noch nicht zur Gänze veröffentlicht ist – begnüge ich mich mit einem nebensächlichen Hinweis auf den Kaffee, den ich in der Eingangshalle getrunken habe. Er schmeckte außerordentlich exzellent.

Der Semmering

Das Mobileum in Schottwien ▪ Der alte Weg auf
der Reichsstraße ▪ Der alte Johann Gottfried
Seume stürmte hier zum Obelisk Nummer eins

Eigentlich hab ich es Frau Stix zu verdanken. Sie zeichnete mir
mit einem blauen Filzstift auf einem Blatt Papier jenen Weg,
auf dem der alte Seume von Schottwien auf den Semmering
marschiert war. Und sie musste laut lachen, als ich sie mit dem
ihr vertrauten Zitat des Wanderers überraschen wollte: »Der
Semmering ist kein Maulwurfshügel«. Dann schlug sie mir
vor, ich müsse unbedingt das Museum mit dem vielsagenden
Namen »Mobileum« gleich gegenüber anschaun. Schließlich
habe sie das Museum kuratiert, und im unteren Museums-
raum werde die Wanderung Seumes aus dem Jahre 1802 an-
schaulich dokumentiert.

Ich traf Frau Stix just vor jenem Haus, das Carlo di Ghega
während seiner Semmeringer Zeit als Büro benutzte, das ehemalige Wirtshaus »Zur goldenen Krone«. Und mit Carlo di
Ghega und seiner Semmeringbahn sollte sich die Zukunft
des ehedem reichen Ortes Schottwien entscheidend wenden.
Ausgerechnet der Ingenieur, der hier im Ort in der »Goldenen
Krone« seine kühnen und weitreichenden Pläne aufzeichnete,
sollte dadurch den Ort in Armut und Beschränktheit drängen.

Bis 1854 – das Jahr der Fertigstellung der Eisenbahntrasse
– musste nämlich alles durch Schottwien. Ich wiederhole, alles: Pilgerer, Händler, Schmuggler, Pferdefuhrwerke, Postsen-
dungen. Und was wurde transportiert? Ein Verzeichnis des

Mauttarifs vom Jahr 1545 gibt Auskunft: »Mineralien und Metalle (Salz, Eisen, Blei, Zink), Speck, Schmer, Schmalz, Unschlitt, Honig, Zucker, Safran, Wein, Feigen, Wolle, Federn, Schindeln, Reifenholz, Rebstöcke, Hafnerwaren, Glas«. Viele Transporte führten von Böhmen nach Italien, ebenso viele von Venedig nach Wien. Die Straße wurde deshalb auch »Venezianerstraße« genannt.

Was sich damals abspielte in dem engen Tal mit den an der Straße gereihten Häusern, hinter denen steil die Felsen ansteigen, wie es damals in diesem rauen Felsennest lautstark und kunterbunt und hühott zuging – ich versuche es mir vorzustellen.

15 – manche sagen 18 – große Einkehrgasthöfe für Kutscher und für Rösser und Ochsen, sie hatten klassische Wirtshausnamen wie »Schwarzer Adler« oder »Goldene Krone«, noch heute existiert der »Posthof«, von Wien schaffte es ein Fuhrwerk mit starken Rössern immerhin in acht Stunden, der Posthof war die fünfte Poststation auf der Strecke, und ich wette ein Bier, dass jedes Fuhrwerk und jeder Kutscher hier haltmachten. Wie viele Fässer Bier wurden pro Abend in den Gasthöfen getrunken? Und wie viele Kilo Schweinernes verspeist?

Wobei die Gasthöfe auch vom Vorspann profitierten. Die Kutscher der Fuhrwerke mussten für den steilen Anstieg auf den Pass die Vorspannrösser samt Personal mieten, der Wirt zur »Goldenen Krone« hatte 30 bis 40 Vorspannrösser im Stall. Die Lohnkutscher konnten auch beim Rückweg vom Pass nach Schottwien Geld verdienen, da die Fuhrwerke für die steile Abfahrt oft zusätzliche Bremser benötigten.

Ich möchte also auf jener Straße marschieren, die der alte Seume – mit Stock und Hut – im Jahre 1801 benutzt hatte: auf der alten Reichsstraße. Die gab's seit 1726, sie wurde auch als Carolusstraße bezeichnet, da Kaiser Karl VI. ihre Errichtung befohlen hatte. Angeblich wurde der Bau der Reichsstraße von Schottwien bis zum Passübergang in 48 Tagen bewältigt. In meiner maßlosen Beschränktheit beginne ich stark zu zweifeln. 48 Tage, um den Höhenunterschied von 400 Metern zu bewältigen, um Felsen zu beseitigen, Schutzbauten gegen Wildwasser zu errichten, die Kaiserbrücke über den Martinsgraben – heute als Myrtengraben bezeichnet – zu bauen. Seine Majestät der Kaiser hingegen konnte in seiner Unbeschränktheit die Strecke frei von Zweifeln besichtigen, und zwar am 21. Juni 1728. An diesem Tag fuhr er samt Kaiserin und dem gesamten Hofstaat über die neue Straße auf die Passhöhe. Dieser aufgefädelte barocke Zug des livrierten und dekorierten Hofstaates mit seinen unzähligen Prachtkutschen in die karge und raue Gebirgslandschaft des Semmerings ist leider weder gefilmt noch von Chronisten aufgezeichnet oder von der Hofbildstelle gemalt worden. Und auf dem Semmering verließ der Kaiser die Staatskarosse, trat unter die Arbeiter und verteilte an sie Geschenke – ich vergieße Tränen, auch von diesem überraschenden Ereignis gibt es keine Filmdokumente.

Nach 1728 stieg der Verkehr über den Semmering kontinuierlich an. So fuhr die »Ordinaripost« wöchentlich von Wien nach Venedig und Triest, bereits täglich lieferte der Poststellwagen nach Graz, mehrmals in der Woche nach Klagenfurt.

So. Ende der Feierlichkeit, Ende des Abkassierens, Ende der Prosperität. Ab 1848 knirschten weithin hörbar die Zähne der Wirte und die Lohnkutscher zogen ein Schnoferl, auch viele Großbauern aus der Umgebung kamen aus dem Wettern und Schimpfen nicht heraus. Akkurat im Revolutionsjahr begann der Staat mit dem Bau der Eisenbahntrasse über den Semmering.

Wobei die ablehnende Haltung der Unternehmer aus Schottwien verständlich war, ging es doch um ihre wirtschaftliche Existenz. Hingegen befürchtete so mancher der Großbauern, dass die Bahn, die sie sowieso dem Teufel zuschrieben, die verkommenen Städter auf ihre geheiligte Schollen führen könnte, wo die von Sünde und Unmoral Befallenen die Wurzeln des angestammten Bauerntum vergiften könnten. Treffend sind solche und andere Konflikte nachzulesen im Roman »Der Napoleonbauer«, den Ottokar Janetschek im

Jahre 1947 verfasste. Der Napoleonbauer, der wie viele Bauern in der Gegend um Schottwien eigentlich Polleres hieß, wollte den Kaiser der Franzosen umbringen, als dieser 1812 im »Posthof« übernachtete. Sein nächster großer Feind hieß dann »Südbahn«. Er selbst erlebte noch den Durchschlag des Tunnels durch die Polleroswand im Juli 1851, wurde aber bald darauf – laut Janetscheks Roman – von einer Dampflokomotive der Südbahn erfasst und getötet.

Und am 12. April 1854 war's so weit: Wieder einmal gab sich ein Kaiser auf dem Semmering die Ehre. Kaiser Franz Joseph I. fuhr auf der Eisenbahnstrecke auf die Passhöhe, in einem Lehnstuhl auf einem Plateauwagen sitzend, allerdings ohne Frau und ohne Hofstaat, und auch von Geschenken an die Arbeiter ist diesmal nichts bekannt. Als er zurückkehrte zum Bahnhof in Gloggnitz, wurde über das Gleis ein Triumphbogen gespannt. Es lebe der Kaiser, und der Triumphbogen war so stark, dass er der durchfahrenden Dampflokomotive den Rauchfang abriss. Worauf der Russ den mitfahrenden Kaiser vollends einnebelte.

Und einige Monate nach der Probefahrt durch Seine Majestät – am 17. Juli 1854 – wurde die gesamte Passstrecke für den Personen- und Postverkehr eröffnet. Ab diesem Zeitpunkt quittierte der letzte Postillion seinen Dienst, die Postillionuniform kann man in jenem Museum in Schottwien besichtigen, in das mich Frau Stix geschickt hatte.

Und jetzt genug der Geschichte, hinein in die Wanderschuhe und hinauf auf den Berg. Da die Route der Carolusstraße schwer zu finden ist, möchte ich detailliert den Weg beschreiben. Wer Lust und Laune hat, möge ihm folgen.

Durch den eher vitalen und lebendigen Ort, der nach der Verkehrsverlagerung auf die Autobahn und dem Rückbau sichtlich gewonnen hat. Gleich zu Beginn stoße ich beidseitig auf enge Felsformationen, die bekunden, dass es aus ist mit der epischen Breite des Wiener Beckens und es beginnt das karge und unzugängliche Gestein. Ein, zwei Meter

war hier der Durchbruch breit, den das stete Wasser der Fels-
wand abgetrotzt hatte, Reste der Befestigungen sind noch zu
sehen. Hinauf in den Ort und sich nicht abhalten lassen vom
Namen Schottwien, der von Schädwien abstammt, von der
Scheide des Wiener Einflussgebietes. Nein, Scheiden tut nicht
immer weh. Hinein ins neu eröffnete Museum »Mobileum«,
wo man »bergauf und bergab« bereits auf das Weitere einge-
stimmt wird. Unter der Brücke der Autobahn durch (Länge
631 m, Höhe 131 m, 1989 fertiggestellt). Längere Debatten über
Segen oder Fluch der das Tal dominierenden Autobahnbrü-
cke enden mit der Unterquerung selbiger. Weiter oben am
linken Eck stand hier das »Gasthaus zum Wasserfall«, dessen Wirt Hermann Waisnix aus der bekannten Reichenauer
Dynastie seine Gäste mit dem Bier aus dem Felsenkeller im-
ponierte. Heute ein ADEG, hier nach links abbiegen in Richtung Göstritz. Dann bei einer Abbiegung nach rechts, und
flugs über die Straße nach Maria Schutz und auf der anderen
Seite nach rechts weiter. Schnaufen und nochmals Schnaufen. Johann Gottfried Seume im Original: »Nur Mut! Damit
kommt man auch in der Hölle durch!« Sitzbankerl benutzen.
Nach den ersten Häusern des Ortes Greis nach links. Eine weitere Kurve nach links, den nächsten Weg nach rechts. Oberhalb eines Bauernhofes vorbei, oberhalb des Autobahntun-
nels vorbei. Im Ort Greis wieder gradwegs über die nach Maria
Schutz führende Straße, der alte legendäre Bärenwirt rechts
drüben hat längst geschlossen und wird zum Verkauf angeboten. Die Strecke führt bergab, einen Schluck aus der Wasser-
flasche. Noch einen Schluck. Johann Gottfried Seume: »Eine
Stunde nach Schottwien fängt die Gegend an herrlich zu werden. Vorzüglich schön sind die Felsenmassen am Eingange
und Ausgange«. Hinunter zur Myrthenbrücke, die eigentlich
keine Brücke ist, sondern eine Überquerung des Martinsgraben, links oben sieht man durch das Geäst die neue Myrthenbrücke. Abzweigung zur Passhöhe erwischen. Wieder auf der
Straße nach Maria Schutz. Beim Haus Trude Klecker, für die

meine ebenfalls Schi fahrende Mutter schon schwärmte, als sie noch nicht meine Mutter war, scharf nach links. Soll ich meiner Mutter über den Zustand des Hauses Trude Klecker berichten? Oder über die betagt in Südtirol lebende Trude Klecker? – Schnaufen, Schnaufen, Schnaufen. Und endlich die Passhöhe. Der bekannte Seume-Satz: »Der Semmering ist kein Maulwurfshügel«. Links das Carolusdenkmal: Die Weltkugel mit den Initialen des Kaisers. Auf der Weltkugel die Krone des Kaisers. Als Wache halten vier Adler ihre Stellung. 50 Meter weiter rechts die heutige Passstraße über den Semmering. Vorsicht, nicht von einem Auto überfahren werden. Ende der Wanderung.

Erheiternder Schlusssatz: Nach 1841 plante man folgendes Konzept. Vom Gloggnitzer Bahnhof sollte eine Art Überland-Straßenbahn weiter nach Schottwien führen, durch das Felsennest bis zum Fuße des Sonnwendsteines. Und vom dortigen Talende sollte jeder Waggon mit einer Art Seilbahn auf die Passhöhe befördert werden. Also eine Kombination aus Eisenbahn und Seilbahn. Selbst das Gros der Architekten und Ingenieure bevorzugten diesen Plan und lehnten Ghegas Plan wegen Undurchführbarkeit strikt ab.

Und dass ich nicht vergesse: Verschwunden – oder rückgebaut, aber einigen wir uns auf verschwunden – ist die Serpentinenstrecke. Jene »Kunststraße«, auf der Generationen von Italienurlauber auf der Siebzehner über insgesamt sieben Serpentinen zum Pass hinaufdröhnten. Und vergessen sind somit alle Flüche und Beschimpfungen und Morddrohungen, welche die zum Urlaubsort eilenden genervten Fahrer zu dem direkt vor ihnen gemächlich kurvenden LKW-Fahrer richteten.

Hans Stix, das Felsenkind aus Schottwien · Vier Episoden, erzählt vom malenden Greißler oder greißelnden Maler

Hans Stix, geboren im Jahre 1915, betrieb im ehemaligen Wirtshaus »Zur Goldenen Krone« eine Greißlerei, sie wurde im Jahre 1977 von seiner Tochter Gretl übernommen, die mir wiederum den Seume-Weg auf den Semmering aufgezeichnet hatte. Neben seiner greißelnden Tätigkeit malte er bevorzugt Motive aus der Gegend um den Semmering, zudem sammelte er Anekdoten und Geschichten.

Aus den Gesprächen, die wir in der ehemaligen »Goldenen Krone« führten, möchte ich vier Anekdoten erwähnen.

Anekdote: Im Jahr 1750 ist die Kaiserin mit einer Kutsche nach Schottwien gekommen, die Maria Theresia, mit ihrem Sohn, der war nicht einmal zehn Jahre. Sie haben nur zwei Reiter gehabt, die haben den militärischen Schutz gebildet. In der Goldenen Krone haben sie sich vorgestellt, sie wollen etwas Einfaches zum Essen haben, Schweinsbraten mit Sauerkraut und Knödel. Sie sind nach Graz gefahren, weil der Arzt gesagt hat, der Sohn braucht das, dort ist die Luft so gut. Am nächsten Tag war um sechs in der Früh Tagwache, dann zum Bärenwirt. Der hat auf dem Stadl ein Bärenfell raufgenagelt, deswegen der Name. Nach der Myrthenbrücke ging's auf einmal bergab, das war fast gefährlich, ein paar Holzknechte haben Fichtenstämme genommen und zwischen Rad und Karosserie gesteckt, damit die Kutsche nicht davonsaust. Damals gab es ja in der Gegend viele Überfälle und Diebstähle, oben am Semmering war die Richtstätte, und genau an diesem Tag hängten fünf Leute am Semmering. Die sind schnell abgenommen worden, man wollte nicht haben, dass die Kaiserin das sieht.

Anekdote: Im Jänner 1801 ist ein Wanderer in die Goldene Krone gekommen, viel Schnee war, der hat gesagt, er kommt aus Deutschland, aha, unmöglich, und er will weiter, nach Triest, nach Syrakus, aha, unmöglich, dann ist er noch herumgewandert in den Adlitzgräben, am nächsten Tag hat er auf den Semmering wollen, aber da war Neuschnee, und der Wanderer hat den Weg nicht gefunden, er hat sich verirrt, da ist er zu einem Bauern, und der Bauer ist dann mit ihm hinauf auf den Pass. Aha, und der Semmering ist kein Maulwurfshügel, hat er gesagt, der Deutsche, Seume hat er geheißen.

Anekdote: Am neunten November 1809 kamen 20 Reiter mit schwarzen Mützen und roten Jacken, aus der Kutsche ist ein kleiner Mann ausgestiegen, wer ist das, keine Ahnung. Er hat übernachtet nicht bei uns, sondern im Weißen Lamm, also im Posthof. Uns zwar im Erkerzimmer, sie können es heute noch sehen, man sagt noch immer Napoleonzimmer. In allen Winkeln hat er Spiegeln anbringen lassen, er hat Angst gehabt, dass ihn jemand erschießt. Am nächsten Tag ist er weiter in der Kutsche, nach dem Bärenwirt ist die Straße immer schlechter und die Landschaft immer wilder geworden. Zwei Reiter sind immer nach vorne, die haben die Gegend ausgekundschaftet. Hinter dem Bärenwirt haben sie gesagt, nein, das ist zu wild, und soviel Wasser, da kommen wir nicht durch. Also ist die Kutsche wieder umgedreht. Tatsächlich haben bei der Myrthenbrücke Wildschützen gewartet, die wollten den Napoleon erschießen, und so ist der Napoleon mit dem Leben davongekommen.

Anekdote: Im Jahr 1846 ist der Ghega gekommen, mit seinem Büro, zwei Zeichner waren dabei, in der Goldenen Krone hat er sein Baubüro aufgebaut. Hat er gesagt, Gehen wir auf den Sonnwendstein, nein, haben die Jäger gesagt, gehen wir auf den Eselstein. Dann sind sie mit den Zeichnern auf den Eselstein, zwei Wilderer sind immer vor und haben gewunken, geht schon, kommt nach. Der Eselstein war wie eine Kanzel, sie haben noch ein zwei Bäume gefällt, und der Ghega hat zum ersten Mal das gesamte Gelände gesehen, und die Zeichner auch. Jetzt hab ich die Semmeringbahn in der Westentasche, hat dann der Ghega gerufen. Am nächsten Tag ist er um sieben in der Früh mit dem Fiaker nach Gloggnitz und von dort nach Wien zum Minister, zum Baumgartner. Dem hat er berichtet, ja, es geht, ich bau Ihnen die Semmeringbahn.

Auf der Passhöhe ▪ Die Veränderung der Landschaft durch Schipisten und Parkplätze ▪ Der Schlüssel zum Weinkeller des erzherzöglichen Hotels ▪ Vom Herrn Hans zum Panhans

Jetzt stehe ich also auf dem Pass, mit 985 Metern die höchste Stelle der Verbindung Wien-Triest. Deswegen auch eine der markanten, wichtigen, bedeutungstragenden Stellen der gesamten Strecke. Vergleichbar nur mit jener mit dem Obelisken bestückten Anhöhe vor Triest, von der aus der Reisende zum ersten Mal das Meer sehen konnte.

Ich habe noch nie so einen entsetzlichen Pass gesehen. Am Pass ist alles dem primitiven funhaften Eventismus untergeordnet. Rechts zuerst ganz brav ein neues Gemeindehaus, dann ein buntes Hotel mit dem entsetzlichen Namen Zauberberg, im Erdgeschoss des Zauberberges eine Zauberbilla, dann folgen leere Parkplätze und dann eine Schischule. Drüben auf der anderen Seite eine aufgelassene Tankstelle, dann ein Reisebüro, dann ein aufgelassenes Irgendwas, das eine Ortsbewohnerin mir als Tschummsn vorstellt, dann wieder die Parkplätze, die – so lerne ich – für den primitiven Eventismus die elementare Grundvoraussetzung sind. Nicht mehr passend und total deplaciert ist der alte Obelisken, der an die Passhöhe und damit an die Grenze zwischen Niederösterreich und der Steiermark erinnert. Auf dem Obelisk kann man lesen: »Ende der k.k.-italienischen Post u. Hauptcommerzialstraße auf Seite Niederösterreichs, 12,5 Meilen von Wien entfernt.« Wenn man den alten Obelisken abreißt, geht sich locker ein neuer Parkplatz aus. Wenn man das an Karl VI. erinnernde Denkmal auch abreißt, gewinnt man gleich fünf oder sechs neue Parkplätze! Und das alles für die Schifahrer! Urgeil!

Das schönste Haus am Pass ist eindeutig das Gebäude der Feuerwehr. Ich sichte von meinem neuen Lieblingsplatz aus einen fürchterlichen kunterbunten Stilmix: ein verglastes vieleckiges Salettl mit Zauberbar, ein Seewirtshaus im pseudoalpinen Stil, das 1666 irgendwo bei Mürzzuschlag errichtet und 1999 hier neu aufgebaut ward, und eine Liftstation in gar keinem Stil. Am Hang die Schipisten, die in den schneelosen Monaten öden und wüsten Schneisen gleichen und lautere und erhabene Sehnsucht nach wunderschönen und intakten Naturlandschaften erwecken.

Ich schnaufe durch, Ende der Vergrollung, ich weiß, mit einer Portion Groll komm ich nicht über den Semmering. Da bleib ich sonst hängen bei der mir lieb gewonnenen Feuerwehr und betrachte mit Groll und Grimm die pseudoalpinen Wirtshäuser und sichte die Schilder und lese überall das Wort Zauberberg, noch dazu mit einer vertrottelten Schreibweise, sodass ich mich geniere, diese alberne Schreibweise zu übernehmen. Also gut, von wegen Zauberberg und Literatur und Thomas Mann. Berg ist keiner da, weil der Semmering ist kein Berg, sondern ein Pass, der auf der einen Seite vom Hirschenkogel, auf der anderen Seite vom Pinkenkogel eingeklemmt wird. Noch dazu ein schiefer Pass, weil man nicht in gerader Linie hineinkommt. Wer soll da was verzaubern, ich den nicht vorhandenen Berg oder die geschlossene Hütte auf dem Pinkenkogel oder gar den Hans Castorp im schweizerischen Davos. Aber das versteht jetzt keiner, weil keiner der Verkünder des Zauberberges den Zauberberg je gelesen hat.

Also gut, Ende der Vergrollung, sonst komm ich wirklich nicht weg vom Gebäude der Feuerwehr. Wie elegant und stilvoll und repräsentativ hat der Pass früher ausgesehen. An der alten Reichsstraße stand auf der steirischen Seite das Erzherzog-Johann-Hotel, eigentlich: Grand Hotel Erzherzog Johann, errichtet an der Stelle eines alten Gasthauses im Jahr 1898 von den Wiener Theaterarchitekten Helmer&Fellner, später Teil des Panhans-Imperiums, abgebrannt durch Plünderer im

Jahre 1945. Den Schlüssel zum Weinkeller dieses Hotels sichte ich ein wenig später in einem der Schaukästen auf der Hochstraße. Aber was soll ich mit dem Schlüssel anfangen, Weinkeller und Hotel sind längst verschwunden. Weiter hinten, auf der österreichischen Seite, stand das Hotel Post, natürlich auch vom famosen Duo Helmer&Fellner, weil damals keine Passhöhe ohne Post existieren konnte, heute wird sowieso aus jeder Postfiliale ein Wettbüro oder eine Handyverkaufsstätte, Schlüssel für den Weinkeller finde ich keinen mehr. Nach 1945 war im Posthotel die sowjetische Kommandantur einquartiert, zehn Meter weiter gab es den berühmten Schranken, der die sowjetische Zone von der englischen trennte.

Eigentlich hätte ich es ahnen müssen, von wegen fun und event und megageil. Als ich im Jahr 1992 für eine Monatszeitschrift eine Reportage über den Semmering verfasste, sprach ich mit mehreren Bewohnern des Ortes. Sie jammerten, dass ihre Enkelkinder nach Wien übersiedeln, weil hier nichts los sei, im Panhans erzählte man mir, dass die Gäste ausbleiben, weil Wandern könne man wo anders billiger, und Übernachten auch, und überhaupt sei alles am Semmering antiquiert und veraltet und fad. Und das Südbahnhotel werde von einem Neustädter Architektenduo als Wertanlage gehalten; als ich damals das Terrain betreten wollte, wurde ich von seinem Aufpasser samt bellendem Hund barsch vertrieben. Dafür hat es das kleine Geschäft vor dem »Wagner« noch gegeben, und die Verkäuferin erzählte mir, in welcher Villa der Maxi Böhm geurlaubt und wo der Heinz Rühmann seine Hochzeitsnacht verbracht hatte.

Und ich blättere durch die Broschüre, die ich damals in der Tabak-Trafik – oder war es in der Drogerie Krassnig – erworben habe. Von der »Landschaft wie im Bilderbuch« wurde geschwärmt, vom »heilklimatischen Luftkurort« sowie von »dichten Wäldern, Wiesen und fehlender Landschaftszerstörung«. Vom Wort Zauberberg ist in der Broschüre Gott sei Dank keine Rede.

Die Hotels auf der Hochstraße • Der schwierige
Südbahn-Komplex • Die Ereignisse auf den
jeweiligen Hotelterrassen

Aber jetzt reiße ich mich endlich vom Gebäude der Feuerwehr
los und wandere gemächlich auf der Hochstraße weiter. Links
kommt gleich das Hotel Belvedere, in früheren Jahren die Villa
Wehrberger, und die ist auch vom Duo Helmer&Fellner errichtet worden, und niemand hat sie bisher abgerissen. Wunderbar, denke ich, dem alten Wehrberger hat ja auch einmal
das Erzherzog Johann gehört, also war am Semmering alles ir-
gendwie miteinander verbandelt und verwurschtelt, der Herr
Helmer hat für sich und seine Familie dann auch die »Villa
Helmer« gebaut, und alle waren unter sich und allen hat es sehr
gefreut.

No klar, bei milden 24 Grad, und in der Wienerstadt steht
die Säule bei satten 34 Grad, no klar verbringen wir den Sommer hier auf 1000 Meter Seehöhe, und die kühlen Winde kommen von den Bergen, und die Luft von wegen rein und klar,
und der Korso wird von der Ringstraße ausgelagert und findet
allsommerlich auf der Hochstraße statt, und selbst ein Gewit-
ter ist uns eine atmosphärische Abwechslung.

Nach einer krummen Kurve sichte ich rechts die Villa Winter, in die später eine Apotheke eingebaut wurde, und von der
Villa Winter führt ein Katzensprung zum Panhans.

Also freilich war der alte Vinzenz Panhans ein Tsche-
che, der Herr Hans, der pan Hans eben, zuerst gelernt im Sa-
cher, dann im Südbahnhotel, dann ließ er schon wieder von
Helmer&Fellner sein eigenes Hotel errichten. Allerdings eher
im Stil eines Schweizer Sanatoriums oder im Riviera-Stil als
im hölzernen Heimatstil, das modernste Hotel um die Jahrhundertwende weit&breit und nah&fern, bevölkert einerseits von den Akteuren der Cercles der Belle Époque, und an
den Tischen ihnen direkt gegenüber saßen ihre härtesten Kritiker, die amüsiert oder gelangweilt oder heimtückisch hinü-

berblinzelten zu den Akteuren der Belle epoque: Karl Kraus und Adolf Loos und Peter Altenberg und Arthur Schnitzler.

In der Zwischenkriegszeit gehörte der Panhans dem William Zimdin, einem Balten jüdischer Herkunft, der es noch einmal schaffte, mit einem maurischen Bad und einem Casino die hautvolee der Belle Époque anzulocken. Freilich glänzte er schon damals mit »Megaevents«, luxuriöse Tanzabende wechselten mit Auftritten von Jan Kiepura und Leo Slezak. Nach der Okkupation durch die Nazis im März 1938 flüchtete William Zimdin nach Santa Monica in die Vereinigte Staaten, der »Panhans« wurde von den »Gau-Elektrowerken« sofort arisiert und blieb als »Gauhotel Semmering« den wackeren Spitzenkräften der Nazis vorbehalten. Gerne weilte hier Reichsmarschall Hermann Göring, von seiner Luxussuite im »Panhans« konnte er ab April 1941 bequem die Luftoperationen der Nazis überblicken.

Nach dem Krieg begann der Abstieg der riesigen Hotelanlage, da eine große Klientel nicht mehr existierte – die reichen »Ostjuden« waren entweder in den Öfen der Nazis vergast oder in ferne Länder ausgewandert. Einheimische und marodierende Flüchtlinge plünderten, was nicht niet- und nagelfest war, sodann nutzten es die Truppen der Roten Armee als Militärcasino. Vom ehemaligen Glanz blieb nur mehr der Schatten. Unter der Regie der Firma Kallinger wurde sodann das »Panhans« restauriert und selektiert und in den heutigen Zustand gebracht. Und immer wieder hört man Gerüchte über einen Konkurs der alten Kallinger-Masse.

Ich betrete das Panhans. Aus dem uralten Kochbuch der Frau Maria Panhans: Frösche gebacken (ich blättere weiter), Schildkröte (ich blättere weiter), Froschkoteletts (ich blättere weiter). In den Besucherlisten tatsächlich gekrönte Häupter wie Kaiser Franz-Joseph sowie Kaiser Karl und ungekrönte Geister wie Peter Altenberg, Oskar Kokoschka und Adolf Loos. Ich besuche das Restaurant. An den Wänden die unterzeichneten Konterfeis von Hermann Nitsch, von Erwin Pröll und von Waterloo. Ich habe genug gesehen und verlasse das »Panhans«.

Eine andere Kulisse der Belle époque heißt Villa Kleinhans und wurde 1899/1900 für einen Mürzzuschlager Großkaufmann errichtet, mit einem Feinkost- und Modegeschäft im Erdgeschoss. Franz Neumann war der Architekt dieser Villa, der hier mit den vorkragenden Dächern, Erkern und Balkonen den »Semmeringer Heimatstil« entwickelte. Neumann mischte dabei Zitate aus verschiedenen Bauernhausstilen mit urbanen Motiven: Da wimmelt es von Giebelchen und Erkerchen und Fensterchen mit dem eingeschnitzten Herzchen in der Mitte des Fensterladens. Sorgfältiger und umsichtiger kann der Kitsch nicht inszeniert werden.

Der Semmering war des Architekten Schicksalsberg. Zwar hatte er die Warte auf dem Hermannskogel in Wien errichtet, und auch das Rathaus zu Liberec stammte von seiner Hand. Doch immer wieder zog es ihm auf den Semmering, und als er am 1. Feber 1905 in der Früh mit der Südbahn in seine Lieblingslandschaft fahren wollte, brach er am Wiener Südbahnhof zusammen und starb an Ort und Stelle – Diagnose: Herzschlag.

Dass die Villa auf dem Semmering dem Besitzer nicht immer Glück brachte, beweist Viktor Silberer, Schöpfer des altdeutschen wotanhaften »Silberer-Schlössl«. In seiner besten Zeit soll der schwerreiche Zeitungsverleger und Sportfanatiker (1846-1924) sogar dem Südbahndirektor die Abfahrt der Züge vom Wiener Südbahnhof diktiert haben. Sodann ließ er von Hellmer-Fellner auf der Passhöhe das »Erzherzog Johann« errichten.

Viktor Silberer konnte immer und überall Geld verdienen. »Er sei nach Amerika gegangen, um die Journalistik, den Sport und das Geldverdienen zu lernen«, so Karl Kraus über den reichen Silberer. Von einem bekennenden Deutschnationalen ließ er sich das Schloss errichten, eine altdeutsche Ritterburg mit Türmen, Erkern und Zinnen. Von der Straße aus kann man es kaum erkennen, man sieht nur eine vom Rost zerfressene Tafel an der abgesperrten Zufahrt zum »Silberer-Schlössl«.

Doch statt sich im altdeutschen Semmeringer Paradies zu delektieren, beging der Sohn und Alleinerbe Viktor Silberers im Anna-Hof in der Wiener Annastraße 5 Selbstmord. Der konsternierte und bereits gelähmte Vater verkaufte darauf seine Besitzungen auf dem Semmering und starb 1924 ebenfalls im Anna-Hof an einer Lungenentzündung.

Obwohl es nicht zum Thema passt: Im Nachbarhaus endete auf bisher nicht restlos geklärte Weise das Leben des Paradekickers Matthias Sindelar. Am 23. Jänner 1939, also 15 Jahre nach dem Tode Viktor Silberers, wurde er zusammen mit seiner Geliebten Camilla Castagnola dort tot aufgefunden. Selbstmord, so vermuten die meisten Historiker. Oder gar Mord, weil die fesche Italienerin mit einem stadtbekannten Zuhälter liiert war. Und in denselben Räumlichkeiten, im Annahof in der Annagasse, befinden sich heute die Büroräume des Verlages Löcker, in dem dieses Buch erschienen ist. Wer soll da noch an Zusammenhänge im Leben glauben.

Zurück zu unserem Semmering. Die nächste Kulisse der Belle époque heißt Südbahnhotel. Dereinst im Jahre 1881/82 vom Generaldirektor der Südbahngesellschaft Friedrich Schüler gegründet, als rundherum nur Wald und Wiese das Gemüt des Großstädters erfreute. Bald folgten um den Kern des Südbahnhotels zusätzliche Villen, sodass man tatsächlich von einem virulenten Südbahnkomplex sprechen kann, der die ursprüngliche Meran-Wiese befallen hatte. Laut damaligem Konzept, das eigentlich vom Hofbildhauer Franz Schönthaler stammte, wollte man eine elitäre und abgesonderte Villenkolonie schaffen, den bestirnten Himmel auf nackter Erde, bewacht von den Engeln mit den flammenden Schwertern. Die Kaiserin weilte hier auf der Suche nach Zerstreuung, nebst ihr weitere gekrönte und ungekrönte Häupter. Und so sprach man auch vom König des Semmerings, vom Initiator und Gründer der Kolonie, und der König hieß ausgerechnet Friedrich Schüler.

Dieser Friedrich Schüler, unser Südbahn-Generaldirektor, mied jedoch das Südbahnhotel – das Konzept Hotel und Fremdenverkehr und kommerzielle Nutzung passte nicht ganz in sein elitäres Ursprungskonzept – und verbrachte die Sommerfrische in seiner eigenen Villa. Die alle paar Jahre erfolgten baulichen Erweiterungen am Südbahnhotel schadeten dem Gesamtensemble, das in mehrere stilistisch unterschiedliche und nicht aufeinander abgestimmte Einzelteile zerfällt. Nach dem Zweiten Weltkrieg wurde das »Südbahn« zum Lazarett der Roten Armee, sodann begann die Ära des Verfalles sowie der Spekulation. Viele Jahre strichen ungenützt vorbei, dann hieß es, ein deutscher Staatsbürger könnte den Komplex retten und zu einem Nobelsanatorium umbauen. Da er sich mit den unsrigen Krankenkassen nicht einigen konnte, spricht der oben verwendete Konjunktiv könnte ungeschriebene Bände.

Ich möchte Sie theatralisch auf die Terrasse des Südbahnhotels entführen. Lauschen Sie den Worten von Karl Kraus, »Die letzten Tage der Menschheit«, 2. Akt, 9. Szene.

Regieanweisung: »Alpenglühen. Jung und Alt, Groß und Klein ist versammelt. Man bemerkt Schakale und Hyänen«.

Jung: »Weiß ist der größte Tourist. Er hat den Tarockzug noch nie versäumt«.

Alt: »Ein erstklassisches Alpenglühen. Schaut euch den Generaldirektor an, sein Gesicht glänzt.«

Ende der Vorstellung. »Schließlich ist der Himmel vor der Terrasse illuminiert wegen der Schlacht von Durazzo.«

Ich möchte aber bei den Semmeringer Terrassen bleiben und wechsle zum Panoramahotel Wagner. Vom Tisch auf der Terrasse aus sehe ich nahezu alles. Ich sehe den Schneeberg. Und ich sehe die Rax. Und ich sehe, wenn ich den Kopf nach links biege, ganz weit nach links, einen Zipfel der Schneealpe. Zudem sehe ich das Rosaliengebirge. Ich beginne mit mir selber zu plauschen: »Das gibt's doch nicht«. – Ich kontere: »Was?« – Darauf ich: »No das Rosaliengebirge«. – Ich unsicher: »Wieso?« – Darauf ich: »Das Rosaliengebirge ist eine Erfindung der pannonischen Tiefebene«. – Ich kontere mir fassungslos: »Letztere ist höchstens der Code für deinen Geisteszustand. Und die Schneealpe sieht man von hier tatsächlich.«

Zeit für ein Resümee: Der Semmering ist bipolar. Einerseits die Passhöhe. Die Passhöhe, zwischen Hirschenkogel und Pinkenkogel, war nie ein locus amoenus. Unwirtlich, beschattet, von starken Winden durchspült. Ein Durchgangsort, freilich ehedem mit herrlichen Hotels, aber nicht zur Bleibe einladend. Heute reserviert den Funeventlern.

Der zweite Pol des Semmerings liegt ein wenig nördlicher, auf der alten Meran-Wiese, beim Südbahn-Komplex. Um einige Grade wärmer, stets in der Sonne, mit Blickfaktor + 5. In deren Luxusvillen verharrte die geschlossene Gesellschaft der Belle époque in ihrem Glanze. »Hier ist es den armen Reichen, die manchmal nicht wissen, für was sie sich entscheiden sollen, möglich, Schloss und Kuhstall, Seide und Loden, Sekt und Ziegenmilch miteinander zu genießen«, soweit Peter Rosegger in der Festschrift zur 50-Jahr-Feier der Südbahn. Die Belle époque ist Geschichte, der Glanz der Häuser am Abbröckeln, das Südbahnhotel ist unbenutzt. Ab in die Steiermark.

Bruck an der Mur

Das neue Tor zur Stadt • Sechsmalige
Belastungsproben auf den Brücken von Bruck •
Was wird aus dem Bahnhofsviertel?

Natürlich war die Route über den Semmering die Route des
Wiederaufbaus, des Wirtschaftswunders, und die Protagonisten dieser anstrengenden Ära strebten mit Kind und Kegel im eigenen Wagen den beliebten Urlauberdestinationen
Grado und Jesolo zu. Die zu dieser anstrengenden Ära passenden Lieder wurden von den Herren Pirron (eigentlich Robert
de Pierron) und Knapp (eigentlich Josef Gnapp) verfasst. In einem der Lieder packten sie den Stampfer für das Erdäpfelpüree ein, auch das Waschel für das G'schirr vergaßen sie nicht
und schon gar nicht die 70 Meter Hansaplast. »Und dann warn
mia am Semmering, die Luft war aber mies, weil uns der Spiritus ausgrunnen is. In den Kurvn hat der Sonnenschirm sich
aufgspannt überm Bett, die ganzen Nudeln san am Boden glegen, die Gabeln aber net. Die Fahnenstange hat auf einmal das
Gleichgewicht verlorn, draufhin is a Radlfahrer von der Stangen aufgegaberlt worn. Durch den Lärm von dem Gschirr san
mir net aufmerksam drauf worn, dass wir schon seit längrer
Zeit an hintern Reifen ham verloren.«

So folgt schon bald das Ende der waghalsigen Reise: »Und
mit letzter Kraft san ma einegfahrn nach Bruck dort an der
Mua, ham das Klumpert an Altwarentandler um an Kilopreis
verkauft, weil vom Camping ham wir allezeit jetzt gnua!«

Also Bruck dort an der Mur. Ich hab nachgeschaut, einen Altwarentandler gibt's dort nicht mehr, den ich über seine Geschäfte befragen könnte, die Semmeringüberwinder machen hier nicht mehr derangiert und demoliert ihre Endstation. Hingegen gab es im Jahre 1770 in Bruck dort an der Mur insgesamt 1355 Einwohner, davon waren 6 Priester, 45 religiöse, 6 adelige Personen, 4 landesfürstliche Beamte, 8 städtische und herrschaftliche Beamte, 435 Partikulardienstboten, 22 Bürger, 199 Professionalisten, 592 behauste und unbehauste Untertanen, 38 Arme in Spitälern und Waisenhäusern. Es gab 250 Häuser und 2 Klöster, 342 Familien waren unbehaust.

Altwarentadler gibt's wie gesagt keine, also inspiziere ich die Brücken der Stadt, um sie individuellen Belastungsproben auszusetzen. Die Stadt Bruck ist bekanntlicherweise eine Brückenstadt, die sich über zwei Flüsse erstreckt, über die Mur und über die Mürz, und die Mürz heißt auf gut slawisch nichts anderes als die kleine Mur, das Murerl sozusagen. Bei meiner Brückeninspektion habe ich tollkühn sechs Brücken belastet, zwei Mürzbrücken und vier Murbrücken.

Eine hab ich nicht erprobt: die neue imposante Murbrücke, die moderne städtebauliche Dominante, das Tor zur Stadt, das den Blick auf sie neu definiert. Sie war noch in Bau, die vierspurige Bogenbrücke, das Stahltragwerk wird von dem 32 Meter hohen Bogen überspannt, dieser hält mit 22 Seilen die Brückenkonstruktion, wobei die Seile einen Durchmesser von 56 Millimeter haben. Der Bogen wird dabei von einer Straßenseite auf die andere hinüber geleitet, er ist also diagonal gespannt, sodass man tatsächlich den Eindruck haben könnte, unter einem Tor durchzufahren. Sodann wird die vierspurige Schnellstraße ähnlich einer Umfahrung am Ufer der Mürz fortgesetzt, um weiter nördlich in die alte 17er-Trasse einzumünden.

Die alte Hochbrücke mit der Verlängerung hoch zu Dache wurde bereits am 27. Jänner 2011 abgerissen, sie wurde freilich nicht gesprengt, nein, sie plumpste buchstäblich in die Fluten der Mur, und nur mehr schemenhaft erinnere ich mich an jene das Stadtbild stark beeinträchtigende Brückengestaltung, aber auch die hässlichen Schemen sind mir eingestürzt und liegen als Trümmer meiner Erinnerung irgendwo in der vergessenen obersteirischen Vergangenheit.

Im Moment führt fast der gesamte Nord-Süd-Verkehr über die Grazer Brücke. Ich schlendere dreimal, viermal über die Grazer Brücke und weide mich am Blick auf die Mur, die Brücke macht keine Anstalten mich abzuschütteln. Dann gehe ich vom Gehsteig auf der einen Seite zum Gehsteig auf der gegenüberliegenden Seite, welch Wunder, die Brücke pariert. Da mir trotz des stetig fließenden Autostromes nichts passiert, kehre ich wieder zurück auf die eine Seite der Grazer Brücke. Ja, Frau Irmengard Kainz, Leiterin des Stadtmuseums zu Bruck, Sie haben Recht. Als wir vor dem Rathaus die Dr.-Theodor-Körner überquerten, versicherten Sie mir, in Bruck könne der Fußgänger die Straße überqueren, weil die Autofahrer mit Sicherheit anhalten. Mit gleicher Sicherheit wechsle ich wiederum auf den gegenüberliegenden Gehsteig und spreche in mein Dikataphon: Grazer Brücke, Belastung bestanden.

Das tatsächliche Nadelöhr, durch das sich in den letzten Jahrhunderten der gesamte Nord-Süd-Verkehr Verkehr gewälzt hat, das erblicke ich erst, als ich auf den Uhrturm hinaufkraxle und von dort auf das Nadelöhr hinunterblicke: Grazerbrücke, ehemaliges Grazer Tor, Minoritenplatz, ehemaliges Wiener Tor, und dann hinauf in die Wiener Straße. Die Folgen dieser katastrophalen Engstelle erkennt man, wenn man jenes Fortbewegungsmittel benutzt, für das jene Abschnitte nicht mehr bestimmt sind: den eigenen Fuß. Dann blickt man auf kaum passierbare Gehsteige, tote Geschäftszone und die gesperrte Kirche.

Das angenehmste Brucker Stückl entfaltet sich auf der Wanderung zwischen der Grazer Brücke und dem Schiffertor. Die Länd, offiziell die Schiffländ, in Maribor sollte sie sich als Lent sprachlich wiederholen – die Länd ist eine Zone des Rückzuges und der Beschaulichkeit, von einigen neuen Bankerlgruppen aus kann man zusammen mit einem auf dem Stein thronenden der Mur entsprungenen Wassergeist beobachten, wie die Mur ihr fließendes Treiben gestaltet. In früheren Zeiten kaum als Uferpromenade frequentiert, fehlen jetzt noch die Uferlokale. Eine einzige Gaststätte ladet ein auf der Länd, das ehemalige Baderhaus mit einer Kreiskystatue, das der ehemalige Koch von Oberkapfenberg zu einem kuriosen Sammelsurium inszeniert hat. Er bewirbt es mit einem K & K, die Buchstaben stehen wahrscheinlich für Kummer und Krach, da man kaiserlich-königlich ein wenig anders abkürzte. Im angrenzenden Bader-Museum wird darauf verwiesen, dass dem alten Bader mehrere Aufgaben zugekommen waren. Neben der Körperpflege und der medizinischen Versorgung hatte er auch das Recht auf Verabreichung von Speis und Trank. Also wird es beim alten Bader recht fidel zugegangen sein.

Die Länd führt mich zur nächsten Murbrücke, zur Schiffertorbrücke nebst dem Schifferturm, letzterer mit Bankerl und dem Schild »Feuerwehr-Anfahrtszone«. Der Schifferturm ist nach der Renovierung im Jahre 1986 noch intakt, verfügt über blanke Fenster sowie einem Briefkasten. Zudem gilt er als Brucker Literaturturm, wie mich eine Broschüre auf einem Infoständer belehrt. Eine gewisse Gerti Kornberger schrieb über ihn: »Risse quer durch das Gemäuer / durch die grauen Fensterhöhlen / blies der Wind den Staub der Zeit ...«
Über die Schiffertorbrücke, heute eine Fußgängerbrücke, für die Detailisten: eine Drahtseilbrücke mit einem Drahtseildurchmesser von 39 mm, für die versessenen Datailisten: Sie heißt in Wirklichkeit Hohenlimburgerbrücke und ist 1993 errichtet worden, aber seit den knapp zwanzig Jahren sind schon ein paar Buchstaben in die Mur gefallen, das m und das a und das u, aber ich suche keine Buchstaben in den Fluten der Mur, sondern wandere auf der Südseite weiter, bis ich die dritte Brücke meiner Testserie erreiche, die Leobner Brücke. Ich passiere sie anstandslos, sie wurde von Franz Jonas im Jahre 1970

eröffnet und ersetzte die alte Brücke aus der Kaiserzeit. Doch ehe ich mich in die falsche Richtung nach Leoben wende, kehre ich zurück auf der Dr.-Theodor-Körner-Straße – und ich freue mich über die Brucker Korrektheit, denn der Theodor Körner erhielt noch ein HC vor seinem Doktortitel, weil man in der Republik schwerlich über die General-Körner-Straße rennen kann, also ich eile über die Dr. HC-Theodor-Körner-Straße zum geräumigen Hauptplatz mit dem Rathaus, der hier in Bruck Koloman-Wallisch-Platz heißt.

Koloman Wallisch? Und nicht mehr Karl Renner? Oder gar Franz Jonas, schließlich der Brückenheilige der Leobner Brücke? – Nein, ein Koloman-Wallisch-Platz löst hier die durchgehende Dominanz der Karl-Renner-Plätze ab, und so sollte ich seiner sorgsam gedenken.

Koloman Wallisch wurde 1889 in Lugoj – heute in Rumänien, damals aber zu Ungarn gehörig – geboren. Er engagierte sich für die ungarische Räterepublik, musste nach deren Scheitern flüchten und gelangte über Maribor nach Bruck. Bei den Arbeitern war er wegen seines unermüdlichen Einsatzes und seines Charismas sehr beliebt. Er wurde im roten Bruck Gemeinderat und Parteisekretär, zudem war er ab 1930 Nationalratsabgeordneter.

Als am 12. Feber 1934 in Bruck und Leoben die Kämpfe zwischen dem Schutzbund und der Heimwehr ausbrachen, eilte er von seinem damaligen Grazer Domizil sofort nach Bruck, um sich an die Spitze des Schutzbundes zu stellen, obwohl er um die strategische und militärische Unterlegenheit Bescheid wusste. Nach mehreren Gefechten oder Scharmützeln, die auch am Hauptplatz stattfanden, wichen etwa 310 Schutzbündler der Übermacht und zogen sich in die Wälder im Süden zurück, um sich nach Jugoslawien durchzuschlagen. Koloman Wallisch erkannte die Undurchführbarkeit dieses Planes und wollte mit seiner Frau Paula in einem PKW Richtung Admont und später in die Tschechoslowakei flüchten. Auf ihn war ein Kopfgeld von 5.000 Schilling ausgesetzt, ein Eisenbahner erkannte den Flüchtenden und meldete dies dem nächsten Posten. Am 18. Feber wurde Koloman Wallisch verhaftet und ins Bezirksgericht nach Leoben gebracht. Jetzt ging alles ganz schnell: Noch am selben Tag sprach das Standgericht das Todesurteil aus. Am nächsten Tag, dem 19. Feber 1934, wurde das Todesurteil wie man so schön sagt vollstreckt und der steirische Abgeordnete zum Nationalrat Koloman Wallisch im Kreisgericht in Leoben durch den Scharfrichter Johann Lang am Galgen hingerichtet.

Bert Brecht interessierte sich für den charismatischen Arbeiterführer und schrieb eine Kantate für Koloman Wallisch:

»Im Februar 34
Der Menschlichkeit zum Hohn
Hängten sie den Kämpfer
Gegen Hunger und Fron
Kolman Wallisch
Zimmermannsohn«.

Ich frage Frau Irmengard Kainz, ob sein Name und seine Aktivitäten in Vergessenheit geraten könnten. Sie verneint, in den Schulen werde gerade versucht, die letzten Zeitzeugen zu befragen.

Dann umkreise ich den Koloman-Wallisch-Platz. Optiker, Parfumerie, Bank, Kaffeehaus, Tiefgarage. Und der zweitgrößte Hauptplatz einer österreichischen Gemeinde mit Mariensäule und Brunnen. Warum keine an den Namensspender erinnernde Gedenkstätte? Zwei tratschende Frauen bilden eine Skulpturengruppe, vielleicht erzählen sie etwas über die Relation von Brotpreis zu Arbeitslosengeld im 34er-Jahr, am Bankerl sitzt ein Lesender mit Hut, wer weiß, vielleicht schmökert er in den Memoiren der Witwe Paula Wallisch.

Gestärkt durch die Melange – halt, ich habe mit dem Semmering den Melange-Gürtel überschritten und schlürfe meinen Kaffee im Territorium des Verlängerten, doch auf dem Koloman-Wallisch-Platz ist man mit extremen Sonderwünschen vertraut, also melangegestärkt mache ich mich auf die Suche nach den zwei Mürzbrücken.

Zur einen ist es nicht weit. Sie führt zur Bahnhofsstraße und dann weiter zum Bahnhof. Von diesem bemerkt man aber gar nichts, weil er gerade dem Umbau verfallen ist. Also wird ein buntes Schoppingzentrum entstehen, das als ungeliebte Zusatzfunktion den Zugbetrieb organisieren muss, oder ein steirisches Las Vegas, das auf der abgewandten Seite unterirdische Wege zu Bahnsteig und Geleisen versteckt.

Im Moment schaut's jedoch sehr traurig aus. Dabei war der im Jahre 1844 gegründete Bahnhof – wir befinden uns auf der Südseite des Semmerings, da fuhren die Züge schon 1844 von Mürzzuschlag bis Laibach – einer der strategisch wichtigen Verkehrsknotenpunkte der Südbahn, und dieser Verkehrsknotenpunkt hat der Stadt zu Macht und Ansehen verholfen. Wiewohl die Bahnhofsanlage bautechnisch nicht gerade ideal errichtet wurde: Der gesamte Bahnhofsbereich erstreckt sich in einer lang gezogenen Kurve, weil man 1844 zwischen der reißenden Mürz und den steilen Felsen im Osten keine lineare Baufläche finden konnte.

Ein paar Zahlen, die die alte Bedeutung des Bahnknotenpunktes belegen: Im Jahr 1928 hielten in Bruck 9.348 Schnellzüge und 19.320 Personenzüge, das sind 26 Schnellzüge und 88 Personenzüge pro Tag. Abgefertigt wurden genau 400.887 Personen, die Bundesbahnen beschäftigen im Ort über 900 Eisenbahner.

Doch bald wird man die Bahnhöfe trennen vom Gleiskörper, Informationen für die Reisenden gibt's nur mehr in der Unterführung und am Bahnsteig, aber nicht mehr am Bahnhofsgebäude, das früher Empfangsgebäude hieß und räumlich von der Halle mit den Gleisen getrennt war. Schließlich gehören Bahnhöfe und Zugsverkehr nach der Zerstückelung der ÖBB zu getrennten Firmen.

In Puchberg am Schneeberg etwa ist der gesamte Bahnhof verkauft worden und gehört der privaten Schneebergbahn.

Und es ist wahrscheinlich nur der Gnade des neuen Eigentümers zu verdanken, dass die Fahrgäste der ÖBB noch den Bahnsteig benützen dürfen. Sonst müssten sie auf den Schienen hockend auf den Zug nach Wiener Neustadt warten.

Die einzige Möglichkeit, den Bahnhof als Bahnhof zu erhalten, scheint der Bau eines riesigen Schoppingzentrums, eines riesengroßen überdimensionierten Schoppingzentrums mit riesigen, überdimensionierten Kundenparkplätzen, das sich als heimliche Zusatzfunktion irgendwo im Hintergrund einen Bahnhof hält. Und wie es sich gehört, wird das Ganze als City bezeichnet, Bahnhofscity West zum Beispiel.

Eines wollte ich noch eruieren: Wie viele Schnellzüge bleiben heute in Bruck stehen? Ein klärender Blick auf den Fahrplan. Zwanzig Schnellzüge fahren nach Wien, zwanzig kommen aus Wien, also halten vierzig Schnellzüge. Aha, eine erstaunliche Steigerung. Im Jahr 1928 betrug die Zahl der hier haltenden Schnellzüge 26. Also wird der neue Bahnhof auch um einiges größer als der alte ausfallen müssen. Oder nicht?

Eigentlich wollte ich mir die Brücken anschaun. Eine zweite Mürzbrücke gibt es auch noch, da muss ich aber aus der Stadt hinaus wandern, und die Straße heißt natürlich Wiener Straße, auf der ich in Richtung Kapfenberg stapfe. Längs der Wiener Straße nur mehr Reste von Häusern, sie heißen heute Generali oder Tankstelle und unterlagen den üblichen Verdrängungsprozessen. Nach der alten Leykam-Papierfabrik, die heute Norska Skog heißt, biege ich ein in die Brückengasse und bin in drei Minuten bei der Mürz. Wunderbar. Mit der Gravität meiner Energie teste ich die Belastbarkeit der Mürzbrücke und wiederhole einige Male die Brückenpassage. Wunderbar, die Brücke hält, und auf einmal bin ich draußen aus Bruck und stehe unvermittelt in Kapfenberg. Also auf der anderen Mürzseite wieder zurück in den Süden, das Straßerl heißt Lastenstraße und im Moment bin ich die einzige Last, die auf dieser Straße geschleppt wird. Ein historischer Themenweg, könnte man sagen, eingezwängt zwischen Mürz und

Eisenbahndamm, sogar das Geländer besteht aus Eisenbahnschienen. Nach einer halben Stunde erreiche ich die Bahnhofsruine. Mit dem Bahnhof ist auch der Bahnhofsvorplatz demoliert worden, das prächtige und an die besten Südbahnzeiten erinnernde Bahnhofshotel ist geschlossen, kein Kiosk bietet Kaffee oder Mineralwasser an, von sonstigen Erfrischungen keine Rede. Auf dem ausgedehnten Platz warten ein paar Taxifahrer auf ausbleibende Kunden, ein paar Rampen samt aufgehängten Plänen bekunden, dass ab und zu die Busse halten.

Eine Murbrücke fehlt mir noch, dann ist mein Sortiment komplett. Also biege ich ab in die Pischker Straße, die mich folgerichtig nach Pischk bringt. Nach einigen Kurven und einigen geschlossenen Wirtshäusern – Pischk liegt unter der Südautobahn, der S6, und jetzt hab ich es endlich geschafft, die Existenz der Autobahn auch im Text unterzubringen – folgt noch einmal eine Kurve, dann stehe ich mit Sorgenfalten auf der Stirne vor der Murbrücke. Ich rufe Thomas Kohlwein an, einen angehenden Brucker Urbanisten. »Eine Ersatzbrücke für den Schwerverkehr«, teilt er mit, »sie wird später abgerissen«. Aha, eine Ersatzbrücke für den Schwerverkehr, wiederhole ich etwas verängstigt, und schon wieder donnert ein LKW an mir vorbei. Die Belastungsprobe steht diesmal unter schlechten Vorzeichen. Ich trete zur Brücke und sichte zwei Verbotsschilder. Fußgänger sind verboten, und Radfahrer sind verboten. Aha, denke ich, die Brücke hält nicht viel aus, wie schwer werde ich sein, 75 Kilogramm aktuell. Und schon wieder poltert ein Megatonnenfahrzeug an mir vorbei. Gezählte fünf Minuten wache ich vor der Brücke und schaue, wie vor zwei Stunden dem Fluss beim Fließen, so schaue ich jetzt den Trucks beim trucken zu. Soll ich es versuchen, verbotenerweise das Terrain der Murbehelfsbrücke zu betreten und damit eventuell eine Katastrophe zu riskieren?

Unschlüssig trete ich zur Seite, da gewahre ich einen außen angebauten kombinierten Fuß- und Radweg. Juhu! Also doch eine legale Passage! Munter auf dem Fußweg über die Mur!

Und dann wäre doch beinahe etwas passiert auf der Murbrücke Nummer vier. Eine ihren Kinderwagen schiebende Mutter kam mir entgegen. Mein Ausweichmanöver war einigermaßen kompliziert, da der Kinderwagen fast die gesamte Breite des Fußgängerstegs einnahm. Gott sei Dank ist kein Radler zur selben Zeit vorbeigekommen. Dann hätte sich auf der Brücke eine Katastrophe ereignet.

Auf der Südseite wanderte ich zurück zur schon erwähnten Grazer Brücke, und nach der Grazer Brücke schnell hinauf zur Bahnhofstraße. Ich überquerte ein letztes Mal die Mürz, um schlussendlich doch den Bahnhof zu erreichen.

PS: In der Zwischenzeit ist die neue Brücke fertig, die Ersatzbrücke ist abgerissen, und beim Bahnhof gibt's kein Shoppingzentrum. Auf eine Bahnhofsbier!

Maribor

Auf den Spuren von Johann Gottfried
Seume und von Janez Puh

Irgendwann muss ich mich wieder um meinen Co-Hatsche-
rer Seume kümmern, und warum nicht jetzt: »Von Graz aus
war es sehr kalt und ward immer kälter. Die erste Nacht blieb
ich in Ehrenhausen, einem ganz hübschen Städtchen, das seinem Namen Ehre macht, wo ich von meiner lieber Mur Abschied nahm. Der Ofen glühte, aber das Zimmer ward nicht
warm. Der Weg von Ehrenhausen nach Marburg ist ein wah-
rer Garten, rechts und links mit Obstpflanzungen und Weinbergen. Auch Marburg ist ein ganz hübscher Ort an der Drawa,
und die Berge an dem Flusse hinauf und hinab sind voll der
schönsten Weingärten. Eine herrliche ökonomische Musik
war es für mich, daß die Leute hier überall links und rechts
auf Bohlentennen draschen. Man kann sich keinen traulichern
Lärm denken. Das Deutsche hörte nunmehr unter den gemei-
nen Leuten auf, und das Italienische fing nicht an; dafür hörte
ich das krainische Rotwelsch, von dem ich nur hier und da etwas aus der Analogie mit dem Russischen verstand. Die Rus-
sen tun sich etwas darauf zugute, daß man sie so weit herab in
ihrer Muttersprache versteht, und nennen sich deswegen die
Slawen, die Berühmten, ungefähr so wie die heutigen Gallier
sich eine große Nation nennen. Bis nach Triest und Görz wurden sie hier überall verstanden. Die Polen sprechen sogleich
leicht und verständlich mit ihnen, und die Böhmen finden
keine große Schwierigkeit. Ich selbst erinnere mich, als ich vor

mehreren Jahren aus Rußland zurückkam und einen alten russischen Grenadier als Bedienten mit mir hatte, daß er mir in der Lausitz in der Gegend von Lübben sagte: «Aber, mein Gott, wir sind ja hier noch ganz in Rußland; hier spricht man ja noch gut russisch.» So viel Ähnlichkeit haben die slawischen Dialekte unter sich, von dem russischen bis zum wendischen und krainischen.«

Soweit Herr Seume bei seinem Eintritt in den von Slawen besiedelten Raum. Dabei plumpst er in die Fallen der Sprache, er strauchelt im Gemisch der Völker und wird zerschmettert von der gravierenden »nationalen Frage«, wie man das damals nannte. Vor 210 Jahren waren ihm sowohl die Begriffe Slowenien als auch slowenisch völlig unbekannt, und er behilft sich mit den zwei damals von den Deutschen verwendeten Bezeichnungen. Er bezeichnet die Sprache der südlich von Spielfeld Beheimateten als wendisch oder als krainisch. Wobei die Erklärung für das geheimnisvolle Auftauchen einer krainischen Sprache ganz einfach ist: Weiter südlich gab es in der Monarchie ein Herzogtum Krain, deren Hauptstadt übrigens Laibach/Ljubljana war, also mussten die dort Beheimateten eben krainisch sprechen. Heute noch spricht man »kranjski«, wie man eben kärntnerisch oder oberösterreicherisch spricht. Und zum Wendischen: Eine wendische oder windische Sprache oder eine windische Bevölkerung existiert nur in den nationalistischen Konstruktionen nichtslawischer Volkstumsspezialisten.

Wurscht. Bessere Einsichten zeigt Seume im Fach »Naturbeobachtung«, und deshalb wollte ich mir den Garten mit den Obstpflanzungen und den Weinbergen anschauen, die Herr Seume auf dem Weg nach Maribor gesichtet hatte.

Ich wähle den umgekehrten Weg und hatsche von Maribor auf der Triester Straße nach Šentilj an der slowenisch-österreichischen Grenze. Dort, in Šentilj, wollte ich meines Mathematikprofessors gedenken, weil die deutsche Übersetzung von Šentilj Sankt Ägyd lautet und der Pater Ägyd mich acht Jahre lang im Fach Mathematik unterwies.

Zudem kenne ich die Strecke von Šentilj nach Maribor recht gut. Vor unzähligen Jahren fuhren wir unzählige Male auf der Bundesstraße über die Grenze nach Jugoslawien, wir passierten die stempelnden Kontrollen, wir durchquerten die trennenden Sperren. Übrigens erkennt man an der Form der Telegrafenmasten, in welchem Land man sich gerade befindet. Woran? – Die Auflösung folgt weiter hinten im Text.

Also wir durchquerten die Grenze, dann folgten am Straßenrand mehrere Wechselstuben, in denen die spärlichen Besucher einen Tausend-Schilling-Schein in unzählbare Dinar-Scheine und später in noch unzählbarere Tolar-Scheine wechselten, bald darauf folgten die Gostilne und Kioske, in denen man billige Zigaretten kaufen konnte. Dann fuhren wir durch vereinzelte Bauerndörfer, für die es früher den schönen Begriff Weiler gab. In den Kurven musste man mit Bedacht fahren, weil stets die Hühner auf der Straße gackerten. Dann kurvten wir um ein paar sanft gewellte Weinhügel, und schlussendlich erreichten wir Maribor, die Hauptstadt der Stajerska.

In den letzten zwanzig Jahren ist der Verkehr ums zehnfache gestiegen, was heißt ums zehnfache, wahrscheinlich ums fünfzigfache, und das ist gelinde gesagt eine Untertreibung, und der gesamte ins Unzählbare und Unüberschaubare gestiegene Verkehr rollt über die Autobahn, und nichts, aber schon gar nichts rollt über die Schienen der Eisenbahn, und man baut überall die Autobahnen und man zerstört überall die Eisenbahnen. Im Jahr 1962 fuhren laut ÖBB-Kursbuch noch fünf Züge von Maribor nach Wien, heute sind es nur noch zwei. Die Grenzöffnung geht einher mit einer sie durchbrechenden hoch frequentierten Transitroute und der kollateralen Zerstörung der gesamten Grenzregion und der Region an der Transitroute. Und dann heißt es, schuld an der Zerstörung ist die Grenzöffnung. Und schuld sind die reisenden Ausländer. Jeder ist jedem ein Ausländer, es hängt nur vom Aufenthaltsort ab. Und wenn jemand die Schuld trägt, dann jene Instanzen oder

Gremien oder Kommissionen, die diese der freien Marktwirtschaft geschuldete Verkehrspolitik vorantreiben.

Gut, ich hoffe, mich mit Bravour durchzuschlagen und meinem Pater Ägyd die Beherrschung der Grundrechnungsarten beweisen zu können. Das Erste – das mit der durchschlagenden Bravour – ist kein Problem, laut Karte gelangt man vom Bahnhof schnell in die Weinberge, man muss nur der Šentiljska folgen. Die ersten Schritte auf dem Bahnhofsplatz zeugen von der von mir schon oft festgestellten Verödung des Bahnhofsplatzes, niemand erkennt dessen Vorzüge oder immanenten Chancen, die Dampflokomotive der Jugoslawischen Eisenbahnen wirkt wie ein trauriges Relikt einer vergessenen Zeit, umgeben von Fast-Food-Läden und Krimskramsstandeln. Dann auf dem Gehsteig in Richtung Norden. An die paar Villen im Semmeringer Heimatstil kann ich mich noch erinnern, die standen schon vor zwanzig Jahren hier, ansonsten viele baufällige Häuser an der stark befahrenen Straße, einige sind zu verkaufen, aber wer will im tosenden Straßenlärm sein letztes Ausgedinge finden. Nach dem Tierspital hört der Gehsteig auf, aha, denke ich mir, zum Tierspital braucht man einen Gehsteig, weil man die kranken Viecher per pedes dorthin schleppt, aber in die Weinberge muss man mit dem Auto fahren. Ja, schon längst trotte ich unterhalb der Weinberge, ich erspähe sogar einen Hinweis zu einem vinotoč, also zu einem Heurigen. Aber die sind weit oben auf einem entfernten Hügel und sind zu Fuß – im Gegensatz zum Tierspital – kaum zu erreichen.

Ich trotte auf der Straße weiter, aber die Zone zum Trotten wird immer enger und der Verkehr wird immer dichter. Dann kommt mit einem Mal das endgültige Ende. Vor dem Autobahnkreuz Wien – Budapest – Ljubljana muss selbst der härteste Wanderschuh passen. Ich drehe mich dreimal im Kreise und finde überhaupt keinen Weg, keine Schneise, kein Schlupfloch. Gut, ich muss wieder eingestehen, Straßen eignen sich nicht zum Wandern, selber schuld, wer eigensinnig alte und überholte Fortbewegungssysteme benutzt. Ich klettere leicht verzweifelt auf der Böschung zur Leitschiene hinauf und lehne mich an die gewellte Kante. Aus dem Rucksack nehme ich eine Zigarette, zünde sie an und blase den Rauch in die treibstoffgesättigte Luft. Das werde ich dem Kollegen Seume erzählen, sollte ich ihn in Bälde treffen: Heute hättest Du keine Chance, Deine Zeit ist vorbei, Du kommst einfach nicht durch. Und dem Pater Ägyd will ich im Sitzen mit einer einfachen Rechenaufgabe meine Standfestigkeit demonstrieren. Wenn die Tendenz mit der Zugfrequenz in gleicher Weise fortgesetzt wird, dann gibt es in zehn Jahren null Züge, die von Maribor nach Wien fahren.

Hier muss im Jahr 1891 ein gewisser Janez Puh auf dem Fahrrad vorbeigekommen sein. Er war gerade 31 Jahre alt und nahm am internationalen Radrennen Wien-Triest teil, allerdings nicht als Spitzenfahrer, sondern nur als Schrittmacher seines Teams. Damals nannte er sich bereits Johann Puch und seine Firmenmannschaft sollte auch das Rennen gewinnen. Was wird er gedacht haben, als er an dieser Stelle vorbei radelte? Dass er ein paar Kilometer weiter östlich geboren wurde und jetzt seine slowenische Heimat durchquert? Oder dachte er: Steirermen are very good? Oder dachte er gar nichts, weil er schnaufte und schwitzte und keuchte?

Nicht bekannt ist die Zeit, die das Puch-Team mit ihrem Schrittmacher für die Strecke von Wien bis Triest benötigte. Bekannt hingegen ist, dass jener Janez Puh oder Johann Puch dabei ein Lungenleiden erwischte, das auch zu seinem relativ frühen Tod am 19. Juni 1914 führte. Als Streckenlänge wurden übrigens 500 Kilometer angenommen.

Das unaufhaltsame Verschwinden der Züge · Die Verbindung von Maribor nach Klagenfurt · Der Bahnhof in Studenci

Irgendwas Gescheites muss ich doch über die Stadt schreiben. Freilich ist Maribor insofern atypisch, weil die Hauptachse nicht auf der Nord-Süd-Achse verläuft, sondern längs der Drau, also auf der Ost-West-Achse, und als historische Hauptstraße galt die Koroška cesta, die Maribor mit Dravograd und Celovec/Klagenfurt verband. Mit dem Aufkommen der Eisenbahnen im 19. Jahrhundert gab es auch zwei Strecken, die Südbahn mit dem heutigen Hauptbahnhof und die Kärntnerbahn mit ihrem Bahnhof in Studenci.

Dort um den Bahnhof in Studenci errichtete die Südbahngesellschaft ihre Hauptwerkstatt, rundherum entstand eine Vielzahl von geometrisch angelegten Arbeitersiedlungen, die wieder aus einer Vielzahl von kleinen Arbeiterhäusern bestanden und so als Arbeiterkolonie mit vierzig Häusern und 272 Wohnungen eine Stadt in der Stadt bildete. Die Arbeiter wurden von der Südbahngesellschaft aus dem deutsch sprechenden Kernland geholt, und da in der Arbeitersiedlung Kindergarten, Schule und Lebensmittelgeschäfte integriert waren, kamen die Arbeiter im alltäglichen Leben mit der slowenischen Bevölkerung überhaupt nicht zusammen, im Gegenteil, sie lebten in völliger Trennung und Abgeschiedenheit von den slowenischen Arbeitern und Bauern.

Heute zuckeln auf dem Kärntner Ast 7 bis 8 Züge nach Dravograd, zwei davon bummeln grenzüberschreitend nach Bleiburg weiter, am Wochenende fährt gar nichts mehr: Die Kärntnerbahn ist nichts anderes als ein sterbender Ast am Stamm der alten Südbahn. Ehedem behauptete sie sich als Hauptverbindung zwischen der Untersteiermark und Kärnten, heute will niemand ihren regionalpolitischen und wirtschaftlichen Wert erkennen. Die Gleisverbindung Graz-Leibnitz-Maribor-Klagenfurt ist schon längst vorhanden, doch statt vorhandene

Strukturen zu nutzen und auszubauen, errichten die ÖBB die völlig unnötige und viel zu aufwendig konzipierte Koralmstrecke. Und das nur, weil der Haider sie wollte.

Wie schrieb doch Dragan Jančar im »Nordlicht« über Maribor: »Die Stadt ist kein Gefängnis und auch kein Irrenhaus, die Stadt ist für den Großteil der Reisenden eine Durchgangsstation auf ihrer Reise. Aber niemand weiß, wo für ihn die Endstation ist. Die Stadt ist einfach auf ihren Platz gestellt, sie befindet sich auf halbem Weg zwischen Wien und Triest und wartet mit ihren Gassen und Häusern, Salons und Spelunken, Gaststätten und Heiligtümern, Gefängnissen und Krankenhäusern, Irrenanstalten und Leichenhallen auf Einheimische und Fremde, auf Ankömmlinge und Durchreisende. Jeder kann aus dem Zug steigen, wenn er es möchte.«

Und wenn es kein Zug mehr kommen wird?

Die Wanderung durch die Altstadt ▪ Die beiden Brücken über die Drau ▪ Sieben Namen in hundert Jahren

Ende des melancholischen und verzweifelten Schubes. Ich dämpfe die Zigarette aus und hatsche zurück zum Bahnhof. Jetzt will ich der alten Handelsroute nach Triest folgen und absolviere dazu die obligatorische historische Stadtwanderung. Vom Bahnhof drehe ich mich logischerweise nach Süden, zur Drau. Die Straße heißt Partizanska, in der Monarchie hieß sie Radetzkystraße, denn der alte Haudegen ist in Marburg geboren, dasselbe Schicksal teilte er mit Herta Haas, der zweiten Ehefrau von Josef Tito, und mit Danilo Türk, dem 2012 abgewählten Präsidenten der slowenischen Republik.

Von der Partizanska zum Grajski trg, also den Schlossplatz. Hier stand das alte Hotel »Orel«, in dem ich in früheren Zeiten stets abgestiegen bin und in dessen Räumlichkeiten viele Passagen von Dragans »Nordlicht« spielen. Vom Grajski trg zur ziemlich engen Gospodska ulica, also zur ehemaligen Herrengasse. Sie ist als Fußgängerzone prädestiniert zur klassischen Promenade der Stadt, zweistöckige Häuser, wie ich sie von vielen österreichischen Kleinstädten kenne, im Erdgeschoss die Ladenzone, viele Läden mit der alten Holzvertäfelung, dazu die alten Straßenlaternen. Das geschäftige Treiben der Promenierenden, die hier vom Strohbesen über Bücher von Prežihov Voranc und violettes Speiseeis so ziemlich alles erwerben können.

Die Hauptstraße jedoch ist nach wie vor die parallel zur Drau verlaufende und vom Autoverkehr dominierte Kärntnerstraße, die Koroška. Im Zentrum der Stadt öffnet sie sich zu einem weiten geräumigen Platz, dem Glavni trg, mit den historischen Bauten: dem Rathaus, dem Narodni dom und dem Casino.

Ich folge der alten Nord-Süd-Verbindung, passiere von der Gospodska kommend den Glavni trg an der Seitenfront und erreiche die 1912 errichtete Reichsbrücke, die damals die alte Holzbrücke ersetzte. Ja, so hieß sie, Reichsbrücke, über sie führte die Reichsstraße, die dann im Süden der Stadt in die Triester Straße mündete.

Heute heißt die Reichsbrücke Glavni most, sie führt vom Glavni trg direkt auf die Südseite der Drau, ohne sich zum Flussufer zu senken. Im Südteil folgt dann der trg revolucije, und auf dem trg revolucije möchte ich eine kleine Pause einlegen, wie ich vorher auf dem Autobahnkreuz Maribor-Graz-Budapest einen Zwischenstopp einlegte, hier möchte ich Gedankensplitter kitten und historische Löcher füllen, und damit mir dabei kein geistiger Pfusch passiert, zünde ich mir eine Zigarette an.

Dieser Platz ist bestens dazu geeignet, bei ursprünglich recht komplizierten Klärungsversuchen ein paar idiotensichere Markierungen zu vermitteln. Die Geschichte der Stadt besteht nämlich aus Ecken und Kurven, aus Sackgassen und Umleitungen. Dadurch wird übrigens der Reiz dieser Stadt verstärkt, weil eine einfache historische Gerade in der Regel einfallslos und fad ist.

Jetzt zu den Markierungen, den Namen des Platzes. Dieser dreieckige Platz hat in den letzten hundert Jahren insgesamt sieben Mal seinen Namen gewechselt. In der Monarchie hieß er erst nach dem Willen der damaligen Mächtigen Magdalenenplatz. Die deutschen Bewohner bezogen sich eher aufs Deutsche Kaiserreich denn auf die österreichische Monarchie, so nannten sie ihn im 1. Weltkrieg Kaiser-Wilhelm-Platz. Ab 1919 gab's dann das Königreich der Südslawen, der Platz hieß also König-Peter-Platz. Nach 1941 herrschten die Nazis, und die Bewohner brüllten Sieg Heil und kreuzten den Friedrich-Jahn-Platz. Nach der Befreiung flanierte man über den Platz des 9. Mai, sodann über den Platz der Roten Armee, doch dann folgte der Bruch Titos mit Stalin und der Sowjetunion und der jetzt musste man über den Platz der Revolution marschieren. Und niemand kommt auf die Idee, dass diese Schübe und Brüche das Charakteristikum dieser Stadt sind und dass die Schübe und Brüche kein grundsätzliches Problem darstellen, wenn man dem dialektischen Denken vertraut und daher weiß, dass die Widersprüche die Hoffnungen sind.

Letzter Satz noch zu den Brücken. Um die Durchfahrt durch die verwinkelte Altstadt dem Durchreisenden zu ersparen, baute man in den 60-er Jahren des vorigen Jahrhunderts von der Partizanska weg eine neue breite Transversale, die Titova cesta, die über eine neue breite Brücke, die Titov most, die Drau überquerte und so – als Gegenmodell zur alten kaiserlichen Herrenstraße – das titoistische Gesicht der Stadt prägte.

Der Lent und der Vodni stolp • Die stara trta und die Weinverkostung

Ich dämpfe am Trg revolucije meine Zigarette aus. Eigentlich fehlen mir noch drei Wanderungen, die ich zur Erschließung von Maribor nicht missen möchte, und erst bei der dritten Wanderung gibt's dann als Belohnung die Einkehr in eine

Gostilna. Also hopp, den Rucksack geschultert, die Muskeln gestrafft, und es beginnt die erste Wanderung auf den Lent.

Die Lände oder der Lent – als Festivalort auch vielen Reisenden ein Begriff – erstreckt sich am Drau-Ufer zwischen der Titov most und der tržnica, dem Marktplatz. In früheren Jahrhunderten wurden die Flussufer eher gemieden: Einerseits behinderte die stete Hochwassergefahr kontinuierliche Gestaltungspläne, andererseits galt die Ufergegend mit den landenden Schiffen, den gestapelten Waren und den billigen Wirtshäusern als anrüchig und unsicher und schwer zu domestizieren.

Seit 30, 40 Jahren werden Flüsse und Uferzonen in städtebauliche Planungen einbezogen, sie gelten als hochwertige Freizeitflächen, mit Promenaden, Restaurants und Schau-ins-Wasser-Meditationszonen. Doch der Lent hält nicht, was das Ufer verspricht. Es fehlt das Kaileben, die Ufergestaltung, die Fußgängerbrücke, es gibt keinen Bezug der Stadt zum Wasser. Ich kann am Lent auf- und abgehen, aber es ist kein Vergnügen, wenn jederzeit ein Auto vorbei zu sausen droht. Einen Scheißkonsumtempel haben sie auf der andren Seite der Drau gebaut, aber eine Flusspromenade bringen sie nicht zusammen. Maribor definiert sich nicht über die Drau, man muss gar nicht Ljubljana zum Vorbild nehmen mit Jože Plečnik, auf Gegenbeispiele verweisen wie etwa Petersburg und die Newa oder Mostar und die Neretva.

Erst der vodni stolp versöhnt mich ein wenig mit der Ufergestaltung, der Wasserturm direkt am Drau-Ufer. Dort sitze ich dann den ganzen Abend, lese, solange ich im Tageslicht lesen kann, dann blicke ich dem Wasser beim Strömen zu, am anderen Ufer steht in riesigen Buchstaben »You are only art«, weil Kunst kommt von Können, tät's von wollen kommen, dann tät's Wulst heißen, danke Herr Nestroy fürs Einsagen, weiter unten leuchten grell und enervierend die Demarkationslinien des Schoppenohneende im Scheißkonsumtempel, ich freue mich über das Windlicht am Tisch und trankle den Mariborčan, den sie mir aus dem vodni stolp servieren, bitte trankeln ist hochdeutsch und der Iterativ zu trinken, falls jemand nicht allzu oft vom Iterativ Gebrauch macht. Drei Schwäne kreisen vor mir im Wasser der Drau, und ich nenne sie Einsamkeit, Lauterheit und Adelheid. Und im Wasser der Drau bilden sich im Halbdunkel konzentrische Kreise, und in meinem Hirn schweben im Ganzdunkel konzentrische Kreise, und mit dem letzten Mariborčan lasse ich mich gern in die konzentrischen Kreise zu fallen, um den grellen Lichtern des Schoppenohneende zu entkommen.

Bei meinem zweiten Besuch am Lent gibt's im vodni stolp übrigens keinen Mariborčan, sondern nur einen namenlosen Hauswein, der war dafür doppel so teuer.

So trotte ich den Kai flussaufwärts, und an diesen Abend – es war der 31. Mai 2012– sollte mich der Wein ein zweites Mal mit der Stadt versöhnen. Ich komme natürlich zur stara trta, die alte Weinrebe, das augenfällige Wahrzeichen der Stadt. Ihr Alter wird mit »über 400 Jahre« angeben, und der Stock dreht sich zehn Meter nach links und zehn Meter nach rechts am Hiša stare trte und ist daher um einige älter als das Haus, dessen Alter ich mit »unter 200 Jahre« einschätze. Wer da einen Rechenfehler vermutet, der ist selber schuld und hat gewiss um einige Viertel zu wenig getrunken. Der Wein aus den Trauben der stara trta wird übrigens sündteuer an Tussis und Spezis aus aller Welt verkauft.

Heute – wie gesagt, 31. Mai – hat das Tor jedenfalls offen, ich gehe hinunter in den Keller, 15, 20 Tische sind mit weißen Tischtüchern bespannt. Dahinter stehen die Weinbauern mit ihren Flaschen und laden ein zur Weinverkostung. Freilich werden keine hiesige Weine verkostet, sondern die Weine aus der Primorska, also aus den meeresnahen Anbaugebieten, und ich sage nur, es ist ein höllischer Versuch, 31-mal den Teran zu testen, der Geschmack ist himmlisch und die Farbe teuflisch, und schlussendlich ist die Zunge schwarz wie die Nacht und ich muss am nächsten Tag fünf Minuten die Zunge putzen, um die teuflische Farbe und den himmlischen Geschmack abzustreifen.

Die Sichtung von Bergen und Hügeln · Wo gibt's den guten Mariborčan · Wo gibt's die gute alte gostilna

Beim nächsten Besuch der Stadt starte ich zur zweiten Wanderung. Ich erforsche – nein, nicht die Pohorje, den Hausberg von Maribor. Die überlasse ich den Mountain-Bikern, die in eigens für sie konstruierten Kabinen mit der Gondel hinauffahren, um über den »Adrenalinpark« mit krachigem Tempo hinunterstürzen, um dann mit der nächsten Gondel wieder hinaufzufahren – die Tageskarte muss schließlich ausgenutzt werden. Nein, die Pohorje möchte ich nicht von Maribor aus ersteigen. Ich möchte viel lieber über die sanften Anstiege zu den gewellten Hügeln mit den unzähligen Reihen von Weinstöcken wandern. Die Stadt ist eng verzahnt mit den Weinbergen, und die Weinberge sind eng verzahnt mit der Stadt, und vom Stadtpark sind es fünf Schritte, und ich schon stehe ich mitten unter den Weinstöcken. Auf den Kuppen mit den schönen Namen Kalvarija und Piramida blinken im gleißenden Licht die Türme der Kapellen.

Beim Zurückwandern setze ich mich auf ein Bankerl im Mestni park. Schade, dass die schöne Stadt den Bezug zum Wein leugnet, genauso wie sie den Bezug zum Wasser leugnet. Es gibt keine Weinschenke, es gibt keinen Weinkeller, nirgends kann man den Wein trinken. Dabei heißt er Mariborčan, also der Marburger! Auch in den Werbebroschüren über die Stadt steht allerhand, über die Kirchen und die Unis, aber nichts über den Wein aus Maribor. Was wäre Retz ohne den Retzer und Gumpoldskirchen ohne den Gumpoldskirchner! Und die Stadt ist unterkellert, man kann absteigen ins unterirdische Reich und sich verirren in den vielen Weinkellern, aber niemand weiß Bescheid über die Labyrinthe in der Marburger Unterwelt.

Ich gehe ein zweites Mal ins Haus mit der alten Rebe und frage nach der Zusammensetzung des »Mariborčan«. Die Dame ist recht nett und ruft bei drei Weinbauern an, ehe sie mir die richtige Antwort gibt: Natürlich wächst der Marburger nicht auf den Stöcken, er ist ein Cuvée aus dem Renski rizling, dem Laški rizling, dem Sauvignon, dem Traminec und dem Ruländer. Zu deutsch Rheinriesling, Welschriesling, Sauvignon und Ruländer, und wer jetzt wissen will, was ein Traminec ist, der soll mir bei der Suche nach einem Heurigenlokal helfen, in dem ich einen Mariborčan trinken kann.

Die dritte Wanderung ist eigentlich eine Themenwanderung und heißt »Auf der Suche nach einer Gostilna«. Nun muss ich leider den Tod der Gostilna in der Innenstadt von Maribor konstatieren. Es gibt unzählige Hotelbars mit nicht genau zu ermittelnder Provenienz, es gibt Lokaltypen, unterschiedlich im Aussehen und Gestaltung, aber das ist alles eine Täuschung, weil drinnen erhält man ohnehin Flaschenbier und Fertigpizza. Die gute alte Gostilna ist in der City so gut wie gestorben. Und das ist traurig und bestürzend, weil in Maribor haben sie den guten Wein, und sie haben die untersteirische Küche, und sie haben den Pohorski pisker und die Žganci und die Štruklji, und es gibt keine Gostilna. Am Marktplatz habe ich noch eine gesichtet, Kellner und Wirt sprachen allerdings serbisch und man konnte das nach dem serbischen Fürst benannte Karađorđevic-Schnitzel bestellen.

Mit dem Verschwinden des Gasthauses steht Maribor nicht alleine auf der engen Flur. Bei meinem letzten Besuch in Košice in der Ostslowakei bestand die herausgeputzte Altstadt aus einer Reihe von Lokalen, die nur mehr Fertigpizza und bagety servierten, dazu das Bier aus Holland, dessen Name ich mit voller Absicht nicht erwähnen werde. Mit einem Wort: ein entsetzlicher Sieg der globalisierten Küche über die lokale Küche, eine Niederlage der hausgemachten Kultur, ein schwerer Kulturschock, den ich in Anbetracht der Fertigpizza absolut nicht verdauen kann. Die globalisierte Küche ist ja keine Küche mehr, man braucht dazu auch kein Personal, weil sowieso alles aus der Kühlvitrine kommt, und man kommt auch ohne den Küchenraum aus, weil in den Selbstbedienungshallen sowieso nichts mehr gekocht wird, und so wird die Küche – genauso wie der Bahnhof – auch bald ein überkommenes Relikt aus der öden Vergangenheit.

Jedoch hat mir Liesbeth in Wien erzählt, es gäbe in Maribor noch eine Gostilna, und zwar im Arbeiterviertel beim Bahnhof von Studenci – Sie wissen schon, Kärntnerbahn, Südbahngesellschaft.

Also ich schultere wieder meinen Rucksack, trabe über die Reichsbrücke, quere den Trg revolucije, den Rest des Marsches erspar ich dem Leser,

Kurz darauf stehe ich vor dem Bahnhof in Studenci. Es ist sechs am Abend, der neuen Logik entsprechend ist der Bahnhof vollkommen geschlossen, wozu braucht man heute geöffnete Bahnhöfe. Ich drehe mich um und schau über die Valvasorjeva, was sehe ich drüben, »Gotof je Franc Kangler« an den Häuserwänden, mit einem steirischen f statt des üblichen v, und Franc Kangler ist der ehemalige Polizist und zur Zeit meines Besuches Bürgermeister der Stadt, der den Aufschriften zufolge nunmehr »fertig« sei, weil er andauernd die Polizisten auf irgendwelche Demonstranten hetzt, bis er endgültig seinen Rücktritt erklärte, und dann erblicke ich die Gostilna. Fünf Minuten später steht mein Bier am Tisch des kleinen proletarischen Schanigartens, neben mit tratschen zwei Taxler, die hier sicher keine zahlungskräftigen Kunden auflesen werden, und der Wirt, den man den Alttitoisten zehn Meter gegen den Wind anmerkt, schimpft kräftig auf die EU. Vieles ist mir geläufig, Maribor war das Manchester Jugoslawiens wegen der vielen Textilfabriken, und nach der Wende sind die Textilfabriken der Reihe nach zugesperrt worden – und vor Kurzem kam die Katastrophe, das große TAM hat für immer zugesperrt, das große TAM, der führende Lkw-Hersteller in Jugoslawien, lieferte nach Asien, Afrika, Südamerika, meldete 2011 die Insolvenz an.

Dafür haben sie jetzt auf der Südweite der Drau den imposanten Europark errichtet, und weil der nachdrückliche Sinn des Lebens im ewigen Schoppen liegt, ist der Europark ein 24-Stunden erleuchtetes Paradies für unhaltbare Dauerschopper. Platzhirschen sind Interspar, Humanic, D&M, Hervis, Peek&Clockenburg, H&M. Na also, haben wir Kapitalisten doch die Schlacht glatt gewonnen, von wegen Krieg gegen die Jugos und die Herrschaft der Partisanen und die Errichtung der Volksrepublik.

Die Schübe und die Brüche · Die Gegenschübe und die erneuten Brüche · Die Widersprüche sind die Hoffnungen

Jetzt kommt noch etwas, und ich atme dreimal durch und ziehe zwei historische Furchen auf meiner Stirn. Ich bin doch über den Trg revolucije gerannt, damals, auf der Suche nach der Triester Straße. Und ich habe alle sieben Namen notiert, mit denen dieser Platz in den letzten hundert Jahren bezeichnet wurde.

Um 1900 war die Stadt Marburg a. D., ja, so pflegte man damals zu schreiben: Marburg a. D., von Deutsch Sprechenden besiedelt, das ländliche Umland hingegen sprach slowenisch. Mit anderen Worten: Es gab damals in der Untersteiermark – in der Monarchie reichte die Steiermark bis zur Save hinunter, die mehrheitlich slowenisch besiedelten Gebiete südlich der Mur wurden als Untersteiermark bezeichnet – drei deutsche Sprachinseln. Zu Marburg a.D. kamen noch Cilli/Celje und Tüffer/Laško.

Das Ganze war natürlich auch ein soziales Phänomen, die Oberschicht – Selbstständige, Lehrer, Richter, Ärzte, – sprachen Deutsch, die Bauern und die Arbeiter Slowenisch. Die Oberschicht unterdrückte die Unterschicht, die wenigen Slowenen, die studierten und dann in der sozialen Hierarchie hinaufkletterten und einen höheren Beruf ausübten, mussten Deutsch lernen.

Die Deutschen organisierten sich in Sportverbänden und Schulverbänden, ihre deutschnationale Bestrebungen galten der Reinhaltung des für sie höherwertigen Deutschtums und war vermischt mit einem Hass auf alles niederwertige Slowenische. Typisch für dieses Grenzlanddeutschtum ist das Wirken eines in Marburg a. D. geborenen kriegsgeilen Kampfpfarrers, den ich schon in Neunkirchen kennengelernt hatte, des Ottokar Kernstocks. Beispiele tatsächlich gefällig? – »Seid bereit, euch bis aufs Blut zu wehren / Begehrt ein fremdes Volk, was unser ist / Denn hilft auch der Teufel der welschen Brut / Der Herrgott hält mit den Deutschen!« – Soweit sein Schlachtruf für den Ersten Weltkrieg, dem ich mit Karl Kraus kontern möchte: »Der Sturm gelang. Die Nacht war wild. Zerstört ist Gottes Ebenbild.«

Jetzt der Schlachtruf des Ottokar Kernstocks zu Maribor: »Laßt die wilden Slawenheere / nimmermehr durch Marburgs Tor! / Lieber rauchgeschwärzte Trümmer / als ein windisch Maribor!« Für diese barbarische Gesinnung soll der Kampfpfarrer – laut Karl Kraus der »blutigste Dilettant der Weltkriegslyrik« – für ewig in der Hölle schmoren, und um acht in der Früh wird Luzifer aufkreuzen und mit dem Slowenischkurs beginnen, die Adjektivformen der Städte gibt's zur Jause, und Herr Luzifer wird erst wieder aufhören, wenn der blutrünstige Ottokar den slowenischen Dual aus dem effeff versteht, und Herr Luzifer gibt dem zu Fehlern neigenden Ottokar keine Absolution, auch wenn im niederösterreichischen Neunkirchen eine Straße nach ihm benannt ist und in der Oststeiermark in jedem zweiten Wald ein Kernstock-Denkmal herumsteht.

Über die konkrete Zahl der Deutsch Sprechenden lässt sich streiten. Die Deutschen, die eigentlich Österreicher waren, doch Österreicher, die eher mit dem forschen Deutschen Kaiserreich sympathisierten als mit der morschen Monarchie, verweisen auf eine Volkszählung im Jahre 1880: 13.385 Deutsche und 2.431 Slowenen. Doch gibt es zwei Gründe für eine Revidierung dieser Zahlen. Erstens galt als einziges Kriterium bei der Volkszählung die Umgangssprache und nicht etwa die Muttersprache – na gut, könnte man sagen, die Umgangssprache war eben Deutsch und nicht Slowenisch. Und zweitens füllten die deutschen Unternehmer die Listen der Behörden für ihre Mitarbeiter aus, bei denen sie alle »Deutsch« ankreuzelten, weil ja, wie die Marburger Zeitung schrieb, sie »ihr Brot bei den deutschen Herren verdienen«. Eine private Zählung der Slowenen führte im Jahr 1900 zu 7.500 slowenischen Bürgern, dementsprechend niederer müsste man die Zahl der deutschen Bewohner kalkulieren.

Jedenfalls blieb nach dem Ende des Ersten Weltkrieges kein Stein auf dem anderen. Ursprünglich wollten die Politiker der slawisch sprechenden Gebiete in der Monarchie nur eine Autonomie innerhalb des Staatengebildes, aber die antislawische Politik der letzten Kriegsjahre trieb sie ins Lager jener, die einen neuen südslawischen Staat forderten. Am Ende des Jahres 1918 war die Situation – wie stets in Perioden des Interregnums – ein wenig kompliziert. So gab es einen Slowenischen Nationalrat (NS), sodann den Nationalrat der Slowenen, Kroaten und Serben (SHS), er übernahm am 29. Oktober 1918 die oberste Gewalt in den südslawischen Ländern und war die Vorstufe zum SHS-Königreich. Zudem etablierte sich im heute noch bestehenden Narodni dom in Maribor der Narodni svet za Stajersko.

Dem gegenüber sozusagen auf der anderen Seite stand der ausschließlich von Deutschen gebildete Stadtrat von Marburg a. D. mit dem Bürgermeister Johann Schmiderer, der am 30. Oktober 1918 die Zugehörigkeit der Stadt zu Deutschösterreich verkündete.

Diese Situation war natürlich äußerst kompliziert und verwirrend. Noch verworrener wird die Situation durch die Loyalität der Deutsch sprechenden, die zum einen Teil einem Staat galt, den es nicht mehr gab, nämlich dem Deutschen Kaiserreich mit Bismarck und Kaiser Wilhelm und Turnvater Jahn, zum anderen einen Staat, dessen Bildung vom Vertrag von Saint-Germain ausdrücklich verboten wurde, nämlich Deutschösterreich. Zum kleinen rotweißroten Restösterreich hatten die Deutschen in Marburg kaum Bezüge, sieht man einmal von den sozialistischen Eisenbahnern der Südbahn ab. Kein Wunder, waren doch die Sozis in diesem Kleinstaat die staatstragende Partei, und mit diesen Sozis wollten die Marburger Deutschen schon gar nichts zu tun haben. Da haben sie den Karl Renner nicht gekannt – sein Antislawismus hätte sie vielleicht zu einer Revidierung ihrer Hauts-die-Sozis-Haltung motiviert.

Der Maister und sein Meisterstück ▪ Das Interregnum und seine Folgen ▪ Vor der Grabstätte des Maisters

Zurück zum Marburger Interregnum. Einen Tag nach der Loyalitätserklärung für Deutschösterreich ließ der deutsche Stadtkommandant Oberst Holick die Befehlshaber der Militäreinheiten in der Kaserne in Melje versammeln. Zu ihnen gehörte auch der Major Rudolf Maister, der einzige Slowene der sonst durch die Bank deutschen Offiziere. Von wegen reiner Slowene, stimmt natürlich nicht, weil gospod Rudolf Maister auch von deutschen und italienischen Opapas und Omamas abstammte und so auf einen für die Untersteiermark eher typischen Stammbaum verweisen hätte können.

Dieser Rudolf Maister überraschte in dieser Sitzung zu Melje mit einem riskanten Individualputsch: Er erklärte, dass er das militärische Kommando in der Stadt übernähme und dass somit die Stadt Maribor ein Bestandteil des Staates der Slowenen, Kroaten und Serben sei. Wer sich seinen Anweisungen widersetzte, dem drohte er mit dem Militärgericht.

No freilich war das Hochverrat oder Amtsanmaßung oder ein Putsch, aber die Gesetze der alten Monarchie galten nicht mehr und pragmatisch betrachtet gab es zur Übernahme der Macht durch die Südslawen keine Alternative.

Oder hätten sich die drei Sprachinseln als exterritoriale Kleinstädte halten können, als Teile eines Staates, der nicht mehr existierte oder dessen Existenz von den Alliierten untersagt war? Vom sowieso verarmten und machtlosen Österreich hätten sie keine Hilfe erhalten, und den Slowenen wollten sie nicht auf gleicher Augenhöhe gegenüberstehen, um etwa über die wirtschaftliche Versorgung oder den modus vivendi zu verhandeln. Ihre anachronistischen Minikleinschrumpfstaaten, noch dazu verfeindet mit dem slowenischen Umfeld, wären sicher nicht lebensfähig gewesen – eine Tatsache, vor der viele österreichische Historiker noch immer die Augen verschließen.

Zurück zum Major Rudolf Maister. Um seinem Putsch den Anschein der Legalität zu geben, stolzierte er nach dem Putsch zur Sitzung des Nationalrats im Narodni dom in Maribor und ließ sich dort nachträglich zum General ernennen – ein rechtlich betrachtet unzulässiges Prozedere, da der Nationalrat zu dieser Ernennung nicht bevollmächtigt war. Als General bildete er nun die höchste Amtsgewalt in der Stadt. Eine seiner ersten Befehle galt der Sicherung seiner Macht: Er schickte umgehend die noch in den Kasernen verbliebenen deutschen Soldaten nach Hause – eine gute und nachahmenswerte Idee, diesem Befehl folgten die kriegsmüden und ausgelaugten und frustrierten Soldaten tatsächlich mit Freude. Militärisch hatten die Slowenen nun keinen Widerstand mehr zu befürchten. Am 1. Dezember 1918 wurde die ehemalige Untersteiermark – jetzt Štajerska – Teil des Königreiches der Serben, Kroaten und Slowenen, dem späteren Königreich Jugoslawien.

So, und jetzt blicke ich auf dem Platz des Maisters ein letztes Mal auf das Denkmal des Generals, der übrigens auch als Dichter und Maler in Slowenien bekannt wurde und dessen Denkmal in jeder größeren Stadt anzutreffen ist. Vom Trg generala Maistra gehe ich die paar Schritte auf den Hauptplatz mit dem Rathaus. Hier, auf dem Hauptplatz, kam es am 27. Jänner 1919 zu einem blöden Zwischenfall, den die Propaganda der Nationalisten und der Slawenfresser bis heute mit ihrer blutrünstigen Sprache als Marburger Blutsonntag bezeichnet.

Vieles gehört in den Bereich der Mythen und Legenden, was sich an diesem Blutsonntag abspielte. So war es gar kein Sonntag, das ist die erste Lüge, und 15.000 aufgebrachte Deutsche demonstrierten auf einem Platz, der gut gerechnet etwa 1.500 stehende Protestierer aufnehmen kann – ich habe den Platz mit eigenen Schritten abmarschiert.

Gut, was passierte an diesem 27. Jänner tatsächlich? Im Jänner 1919 wurde um die neuen Grenzen, um die Demarkationslinien verhandelt. Eine amerikanische Delegation unter Oberstleutnant Sherman Miles hielt sich vor allem im umstrittenen Murtal auf. Doch am 27. Jänner verweilte Mr. Miles in Maribor, um mit General Maister zu verhandeln. Diese Gelegenheit wollten sich die Deutschen nicht entgehen lassen. Sie versammelten sich auf dem Hauptplatz, Lehrer karrten ihre Schulklassen hin, die Südbahnverwaltung ihre Eisenbahner und ihre Musikkapellen, alle wollten der amerikanischen Delegation beweisen, dass die Bewohner der Stadt treu zu ihrem Deutschtum standen. Sie schwenkten die Fahnen der Monarchie und des Deutschen Reiches, und welche Losungen und Beschimpfungen sie gebrüllt haben, wurde von keinem Historiker festgehalten.

Und dann kam der Zwischenfall. Im Rathaus speisten Mister Miles und Gospod Maister, oder sie lasen einander Gedichte vor, oder sie erzählten sich alberne Witze. Da wollte die brüllende, tobende und erregte Menschenmenge das Rathaus stürmen, das nur mit wenigen Soldaten bewacht war. Oder die paar Soldaten glaubten in ihrer Panik, dass die Deutschen das Rathaus stürmen wollten. Jedenfalls schossen sie erst in die Luft, dann in die Menge. Ja, sie schossen tatsächlich in die Menge, die daraufhin verängstigt in die Seitengassen stob und von den Seitengasen in die Seitenseitengassen weiterstob. Auf dem leeren Hauptplatz, auf dem heute die barocke Pestsäule von Josef Straub steht und an einen ehemaligen Friedhof erinnert, auf dem leeren Hauptplatz blieben ein paar Leichen zurück. Die Anzahl dieser Leichen – nun, die Eruierung der Zahl hängt vom jeweiligen Stadtpunkt ab. Deutschnationale erfinden Horrorzahlen, ohne treffliche Beweise vorbringen zu können. Dragan Jančar schreibt von fünf Toten. Und er erwähnt ihre Namen: Bracic, Gornik, Hocevar, Petek, Bubak. »Vier von ihnen hatten slowenische Namen«, setzt er fort. Ich lese die Namen dreimal durch. Eigentlich klingen alle fünf Namen slowenisch.

Ich möchte mich mit dem weiteren Leben des – Volkshelds oder Schlächters – Rudolf Maister beschäftigen. Seine Gedichte sind leider nicht ins Deutsche übersetzt, zu meiner Überraschung erhalte ich in keiner Buchhandlung eine slowenische Ausgabe. Na gut. Um zu eruieren, ob er heute noch als Volksheld gefeiert wird, will ich mir sein Grab anschauen und fahre mit dem Bus nach Pobrezje zum Zentralfriedhof. Erst streune ich durch den Friedhof, um die Gräber und die Namen der Bestatteten zu betrachten. Karl Barta, Gendarmeriewachtmeister i. R., so oder ähnlich lauten die Namen auf vielen Grabsteinen. Und die Namen der Slowenen lauten Travniker, Luckman, Knobluch, Furlan, Senekovič. Furlan ist die slowenische Bezeichnung für den Friauler, soweit zum Völkergemisch auf dem pokopališče in Maribor. Dann frage ich einen Pompfineberer nach dem Grab des Maisters. Gut, alles klar, das werde ich finden. Dann stehe ich vor dem Grab.

An der Friedhofswand ist eine Marmorplatte fixiert. Darauf steht »General Rudolf Maister in soproga Marija«, und seine Gattin Marija. Darunter spärliches Grünzeug. Auf der tatsächlichen Platte des Sarges drei leere Kerzenhalter, links und rechts je eine leere Laterne. Keine erkennbare Pflege, keine sichtbare Würdigung. Das Grab eines Volkshelden schaut anders aus. Sein Mythos ist Geschichte.

Die Nazis in der deutschen Stadt Marburg ■ Die Toten und die Hingerichteten ■ Die Strafe und die Rache

Dem Maister blieb Gröberes erspart. Er starb 1934, nachdem er gegen seinen Willen aus der Armee des Königreiches Jugoslawiens entlassen wurde. Übrigens in Unec, wo er im ehemaligen Zollhaus Gegenstände des slowenischen Alltags sammelte und Gedichte schrieb.

Am 8. April 1941 erfolgte der Einmarsch der deutschen Truppen in Maribor. Der Marburger Zeitung (Preis ein Dinar) berichtete am 9. April 1941: »Gestern um 9:00 vormittags sind deutsche Truppen in Marburg eingerückt.«

Am 26. April 1941 besuchte der Führer die Stadt. Vom Balkon des Rathauses, in dem 22 Jahre vorher gospod Maister mit Mister Miles speiste, bedankte er sich bei der deutschen Bevölkerung der Stadt für ihr Durchharren.

Umgebracht wurde auf der Pohorje (Bachern) von den Okkupanten Fortunat Verboten, geboren 1915 in Spodnji Dolič, vom Beruf Forstarbeiter.

»Am 19. September 1941 wird das ganze Bachergebirge zum Sperrgebiet erklärt. Jeder Tourismusverkehr und das Herumziehen...« Gez. Der Kommandeur der Sicherheitspolizei und der SD in der Untersteiermark.

Drei verschiedene Bataillone der OF (Osvobodilna fronta) wurden der Reihe nach zur Gänze ausgerottet. Die Soldaten der Deutschen machten im Kampf gegen die Partisanen keine Gefangene, jeder, den sie erwischten, war automatisch entweder Partisane oder er wurde verdächtigt, den Partisanen geholfen zu haben, und er wurde auf der Stelle erschossen.

Umgebracht wurde auf der Pohorje (Bachern) Franc Hudomalj, geboren 1898 in Klanvec, vom Beruf Minenarbeiter.

»Wir wollen dieses Land so heranbilden, dass darinnen nur Platz hat der Deutsche und jene Steirer, die Jahre und Jahrzehnte lang...Und alles andere meine Volksgenossen daraus mache ich auch öffentlich kein Hehl, muß hinaus!« (Gauleiter Uiberreither)

Ermordet wurde auf der Pohorje Gekauc Pepca, geboren 1896 in Šoštanj, von Beruf Hausfrau.

Auf Plakaten, gesammelt im Muzej narodne osvoboditve, kann man lesen: »Panzerfaust und deutscher Landser sind stärker als der rote Panzer«

Aus der deutschen Stadt Marburg wurden insgesamt 4.539 Slowenen zwangsausgesiedelt.

Die etwa 3000 verbliebenen Deutschen bekannten sich ausnahmslos zu den Nazis. Es ist nicht bekannt, dass unter der deutschen Bevölkerung antifaschistische Aktionen erfolgten. Allerdings kam es im privaten Kreis zu spontanen Hilfsleistungen.

Im Hof des Gefängnisses der deutschen Stadt Marburg wurden 760 slowenische Geiseln erschossen. Darunter waren 268 Einwohner der Stadt.

Die Deutschen in der Stadt hatten schon vor der Okkupation Listen angefertigt, auf denen die Namen der bösen Nationalslowenen verzeichnet waren. Zu ihnen gehörten Lehrer, Priester, Kulturschaffende, eher selten deklarierte Linke und Kommunisten. Diese Nationalslowenen wurden sofort nach der Okkupation in Lager deportiert. Die meisten von ihnen verließen diese nicht mehr lebend. Der Begriff Nationalslowenen wird heute noch immer von Kärntner Politikern verwendet.

Sowohl die Autorin Maja Haderlap als auch der Jurist Tone Jelen berichten in ihren Büchern, dass die jungen Bauernbuben ihre Pfarrer aufsuchten und sich stundenlang mit ihnen unterhielten. Dann gingen sie in die Berge zu den Partisanen, zur OF.

Tone Jelen erzählt, dass auf dem Hof Jelen ein Slowene auftauchte und um Essen für die Partisanen bat. Nachdem er die Speisen erhalten hatte, machte er einen lauten Pfiff – aus dem nahen Wald eilten die deutschen Soldaten, erschossen alle, die sich im Hof aufhielten und zündeten schlussendlich den Hof an. Heute ist er nur mehr ein mit Jelen bezeichneter Fleck auf der Landkarte, 15 Kilometer westlich von Slovenj Hradec.

Für Jugendliche und junge Männer ohne Familie aus den bäuerlichen Regionen war es normal, die Reihen der Partisanen zu stärken. Historiker schätzen, 16% der Partisanen waren Kommunisten, 84% Nichtkommunisten.

Die Nazis gründen in der deutschen Stadt Marburg eine Niederlassung der Flugmotorenwerke Ostmarkt mit dem Hauptsitz in Wiener Neudorf. Die Flugmotorenwerke hatten 7.105 Beschäftigte.

Am 8. Mai 1945 verließen die letzten Truppen der Deutschen die Stadt. Angehörigen der Partisanen gelang es, die Sprengung der Brücken über die Drau zu verhindern.

Und nun kommt das große Problem, über das heute noch immer debattiert wird. Wie soll man mit den in der Stadt verbliebenen Deutschen umgehen? Sie in Umerziehungslager schicken? Ihr Verhalten in Gerichtsprozessen untersuchen? Sie samt Frauen und Kinder erschießen? Wie soll man mit den Kollaborateuren und ihren Familien umgehen, etwa mit jenem Slowenen, der mit seinem Pfiff zur Fast-Ausrottung der Familie Jelen gesorgt hatte? Mit den Domobranzen und den Belogardisten, also mit jenen, die an der Seite der Nazis gegen die Partisanen gekämpft hatten? Ihnen Verdienstorden auf den Bauch hängen? Sie in Umerziehungslager schicken? Ihr Verhalten vor Gericht prüfen lassen? Oder sie alle erschießen und ihre Leichen in irgendwelchen Gräben im Hornwald verscharren?

Aber jetzt muss ein versöhnender Schluss her, und ich weiß nicht, woher nehmen. Ich zitiere also wieder aus dem im Jahre 1938 spielenden »Nordlicht« von Dragan Jancar. »Und in dieser Stadt werden die Paradeschritte bald zu einem blutigen Wahnsinnstanz verwirbeln; alle, die heute zu den unterschiedlichsten Liedern und mit den unterschiedlichsten Kapellen marschieren, werden sich sehr bald an die Gurgel fahren. Deutsche und Slowenen, Kommunisten, Nationalsozialisten, Klerikale, Nationalisten, Jugoslowener, Serben, Bulgaren, Kosaken, Arbeiter und Bauern, Sportler und Kellner, Mitschüler und Mitarbeiter, Brüder und Schwestern, Töchter und Mütter, Väter und Söhne, einer den anderen und kreuz und quer werden sie sich an die Gurgel fassen und mit zerschlagenen Mündern, ausgestochenen Augen, zertrümmerten Schädeln, durchlöcherten Bäuchen die Texte ihrer Marschlieder herauswürgen.«

In der Stajerska

Endlich auf die Pohorje ▪ Wer sammelt die Dosen
auf den Straßen ▪ Ein Deutscher Nazi ist gleich
viel wert wie 100 unschuldige Slowenen

Jetzt wird der Bericht kursorisch, die Chronologie versteckt
sich ein bisschen, weil sie verwirrt ist von den vielen fremden
Städten und unbekannten Wirtshäusern und hypertrophen
Straßennamen und sich geniert vor den unbekannten Flüssen
und namenlosen Bergen. Und manchmal ähnelt er einem Rei-
seführer, der die Fakten nur mehr erwähnt, aber nicht mehr
bewertet, debattiert, in Frage stellt.

Von Maribor gradwegs nach Slovenska Bistrica, die Österreicher sagten früher Windisch-Feistritz, weil sie den Ausdruck »slowenisch« partout vermeiden wollten und durch das
harmlose »windisch« ersetzten. Am 12. März 2011 feierte man
in Slovenska Bistrica den 700. Geburtstag: 1311 wurde zum ersten Mal der Name der Stadt schriftlich erwähnt, die Urkunde,
wie ein Museumsmitarbeiter erzählt, liegt in Graz im Museum, da ja Graz früher die Hauptstadt war.

Die Triester Straße schlenkert sich durch das Zentrum, sie
zieht ein paar Kurven durch den netten Ort, nur der Trg Svo-
bode gestattet eine kleine Ausbuchtung, an der Ausbuchtung
erkennt man das Hotel Beograd, doch das Hotel Beograd hat
ein ähnliches Schicksal erlitten wie die jugoslawische Födera-
tion und zerfiel in seine Einzelteile.

Und sie hieß tatsächlich Triester Straße. Ich gehe ins Cafe
Atems und betrachte die alten Fotos an der Wand: Die Haupt-

straße mit den Kurverln, darunter steht Windisch-Feistritz, Triester Straße.

Das Einzige, das hier nicht stimmt, ist der Name des Kaffeehauses. Es fehlt nämlich ein t, es müsste heißen Attems, denn dem Clan der Attems gehörte das Schloss bis 1945. Nun beherbergt es ein Museum und einen Souvenirladen, der Museumsführer erzählt, es gäbe im Moment einen Rechtsstreit um das Schloss, natürlich geht's es um die Restituierung.

An die Monarchie erinnert noch die Kaiser Franz-Joseph-Jubiläumssparkassa, die in der Kolodvorska steht, ein eigenartiger neugotischer Hallenbau. Ein Denkmal des Kaisers, das vor der deutschen Schule stand, wurde abgerissen, die ehemalige deutsche Schule steht noch an der Ecke zur Partizanska, früher Schulgasse. Ein Kuriosum ist der heute noch bestehende alte Nebenbahnhof der Südbahn. Da die Bahntrasse eine Ewigkeit von der Stadt Bohinska Bistrica entfernt war, baute man eine Seitenlinie, eine Stichlinie, die in das Weichbild der Stadt führte. Die Seitenlinie ist schon längst abgetragen, der Bahnhof übergeblieben.

Zu Slovenska Bistrica gehört noch eine Geschichte, die nichts mit der Verbindung nach Triest zu tun hat: Die Besteigung der Pohorje. Wie bereits beschrieben, ich will nicht in Maribor starten, die Liftkabine und das Hotel Bellevue überlasse ich gerne den Mountain-Bikern.

Mir ist der Start in Slovenska Bistrica – genauer in Zgornja Bistrica, also weiter oben – lieber, da gibt's keine Gestalten mit grellen Leiberln auf bunten Kampfrädern. Und nach einem kräftigen Hatscherer erreiche ich die Kirche zu den Heiligen drei Königen, hier verweilen nur wenige Wanderer, zudem nähert sich der Fernblick dem +5er Wert, wenn man draußen auf dem Bankerl sitzt. Aber als ich im Sommer des Jahres 2011 die Kirche erreichte, sah ich überhaupt nichts, der Nebel war dicht und ich stand neben der Kirche und die Turmuhr schlug sieben am Abend und ich konnte den Turm nicht sehen.

Der Weg zurück führt über Wiesen, teils auf der Straße. Und auf der Straße konnte ich das Red-Bull-Syndrom feststellen. Links der Straße und rechts der Straße kugelten zuhauf die leeren Aludosen herum. Ich gönnte mir den Spaß und stellte die weggeschmissenen Dosen in der Straßenmitte auf. Nach etwa 100 aufgestellten Dosen verzichtete ich auf die Fortsetzung.

Warum kümmert sich der Red-Bull-Chef mit seinen Flügeln nicht um die Rückholung der leeren Dosen? Warum organisiert er keine Rückholungsaktion? Warum sollen die privaten Flurschäden von der öffentlichen Müllabfuhr repariert werden? Soll er's doch selber machen, der Oberredbull, und Pause gibt's keine beim Dosensammeln, auch wenn er sich hundert Mal bückt, die tollen Burschen in ihren flotten Kisten machen ja auch keine Pause, wenn sie die leeren Dosen aus den Fenstern schmeißen. Und zur Absolution muss ihm ein System des Recyclings einfallen, und wenn der feine Red-Bull-Boss dabei ins Schwitzen gerät, kann er ja ein paar unterbeschäftigte Kicker seiner Dosenkickervereine zur Unterstützung anfordern.

Zurück auf die Route, die nächste Stadt heißt Slovenske Konjice, zu Deutsch etwa Slowenisch Pferderei. Entlang der Hauptstraße standen viele Gasthäuser und Stallungen, leider ist heute keine Einzige mehr vorhanden, sie sind alle abgebrannt oder wurden abgerissen. Aber das Pferd als Symbol blieb im Namen der Stadt erhalten.

Nicht nur als Symbol, man sieht es wirklich. Bei der Brücke über die Dravinja, da kann man das Pferd als Skulptur fotografieren, in einem Kiosk kann man alle möglichen Pferdewaren kaufen, und logischerweise heißt das Pub »beli konj«, also das weiße Pferd.

Zum Hauptplatz, dem stari trh, muss man über die Dravinja und auf die andere Seite hinauf. Eigentlich entspricht er einer lang gezogenen und teilweise steil bergauf führenden Straße, in der Mitte der Straße ist ein Bacherl freigelegt worden, dass jetzt sprudelnd und plätschernd den gesamten Hauptplatz belebt, mehrere kleine Fußgängerbrücken ermöglichen das

Wechseln von einer Seite zur anderen, flankiert wird das Bacherl von alten Laternen und jungen Bäumchen, sodass es in den warmen Monaten ein Vergnügen sein muss, in einem der zahlreichen Schanigärten zu sitzen.

Auf vielen der einstöckigen Häuser steht »kulturni spomenik«, sie stammen aus 16. Jahrhundert und wurden in der Substanz kaum verändert.

Kurz nach der Ortschaft Frankolovo, hinter einem Wald: die Nazis verwendeten das Wort Sternstein, da wurde am 3. Februar 1945, also drei Monate vor Kriegsende, bei einer sanften Kurve der Triester Straße, weit und breit war kein Haus zu sehen, von den Partisanen der Kreisführer Toni Dorfmeister erschossen. Als Rache für den Tod des Obernazis Toni Dorfmeister ermordeten die Deutschen Herrenmenschen kurzerhand 100 slowenische Zivilisten, und zwar an derselben Stelle, an der ihr Recke Toni Dorfmeister umgebracht wurde, also am Waldesrand in der sanften Kurve. Dabei starb der Toni Dorfmeister gar nicht an dieser Stelle, sein Schofför brachte ihn noch ins Krankenhaus nach Celje, wo er am 5. Februar seinen Verwundungen erlag.

Also passierte, nein, es passierte nicht so einfach, es wurde ausgeübt: das Massaker von Frankolovo. Die Deutschen erhängten die slowenischen Zivilisten, sie brachten sie mit dem Strang um, einen nach dem anderen, bis die magische Zahl 100 erreicht war. Und zwar am 12. Feber 1945. Zur Abschreckung räumten sie die Leichen nicht weg, einige Zeit kugelten sie in der kalten Erde herum, damit jeder sich an ihrem Anblick erfreuen konnte, und am 17. Feber 1945 wurde ein Schild dort hingestellt. In deutscher und in slowenischer Sprache kann man seither lesen, dass hier in Sternstein für den Mord an den Toni Dorfmeister 100 slowenische »Banditen« hingerichtet worden sind, unterzeichnet wurde die Belehrung von einem gewissen »Rösener, Marburg«.

Wer waren die Täter? Wussten sie, dass ihr Toni Dorfmeister im Gefängnis von Celje verantwortlich war für die Erschießung von über 200 dort inhaftierten Slowenen? Fotografierten sie ihre Amtshandlung und johlten und kicherten sie dabei? Erklärten sie drei Monate später, als der blöde von ihnen verschuldete Krieg vorbei war, dass sie vollkommen unschuldig seien und nur ihre Pflicht absolviert hätten? Hat sich wenigstens ein einziger von den Deutschen an die Morde erinnert und sich bei den Angehörigen der Toten entschuldigt? Wurde wenigstens einer von ihnen von so etwas Leichtlebigem und Schwankendem wie einem schlechten Gewissen befallen? Passt ein Gewissen überhaupt in einen Tornister? Soweit zum Massaker von Frankolovo.

Die Fahrt geht weiter nach Celje, die Geschichte mit dem Schulstreit in der Monarchie lasse ich jetzt aus, weil irgendwann möchte ich doch nach Triest kommen, und weiter geht's längs der alten Römerstraße, das heißt über Orte wie Šempeter und Šentrupert, durch Hopfenfelder hindurch, sodann zur Steigung vor Trojane und von jetzt an hinunter ins Laibacher Becken.

Ljubljana

Kaiserstraße ▪ Wienerstraße ▪ Titova ▪
Triesterstraße oder Slovenska cesta

Die alte Wienerstraße verfehlte in Form einer stur ausgerich-
teten Geraden den historischen Stadtkern von Ljubljana, oder
anders ausgedrückt: Sie ließ ihn unberührt auf der Seite liegen. Nach der Überquerung der Save strich sie wie eine straffe
Nord-West-Achse an der Altstadt vorbei, dabei orientierte sie
sich großteils an der Trassenführung der alten Römerstraße,
die hier das antike Emona durchquert hatte, und bog sodann
ein wenig Richtung Westen ab, um den gewaltigen Sumpf, das
schreckliche im Süden der Stadt liegende barje, mit Geschick
und Bravour umkurven zu können.

Und diese Transversale von Ljubljana hieß tatsächlich Wienerstraße, zumindest bis 1848. Im Volksmund hörte man, in
alten Zeitungen verwendete man auch die Bezeichnung Kaiserstraße. Mit dem Revolutionsjahr erfolgte eine doppelspra-
chige Beschriftung, also Wienerstraße und Dunajska cesta,
schließlich wollten die slawischen Nationen zumindest auf
ihre Existenz im Vielvölkerstaat hinweisen. Ab 1908 musste
man ausschließlich auf Slowenisch sein Durchkommen auf
der Dunajska cesta suchen. Nach dem Ersten Weltkrieg blieb
ihr Name erhalten, auf der Dunajska cesta fuhr die Straßenbahn Nummer vier fuhr durch die bereits sehr geschäftige und
vielspurige Hauptstraße der Stadt, in der die Banken und die
mondänen Geschäftshäuser den Ton angaben.

Nach dem Zweiten Krieg hieß sie wenig überraschend Titova cesta, und nach 1991 und der Sezession aus dem gemeinsamen Staat der Südslawen wurde Ljubljana Hauptstadt der neu gegründeten slowenischen Republik. Mit der Gründung des Staates erfolgte die nächste Umbenennung: Die Titova cesta wurde in drei Teile aufgeteilt: Der Nordteil bis zur Trasse der Eisenbahn heißt nunmehr Dunajska cesta, der Mittelteil Slovenska cesta, und der Südteil mit dem Schwenk Richtung Westen wird, wie es sich gehört, Tržaška cesta, also Triester Straße, genannt.

Da ich zum Lachen nicht immer in den kleinen Keller in meinem Wiener Domizil flüchten will, hebe ich mir manche Zeitungstexte von österreichischen Printmedien auf. Einen davon will ich jetzt zitieren. Als der damalige Wiener Bürgermeister Helmut Zilk die neue Hauptstadt Ljubljana des jungen Staates Slowenien besuchte, berichtete ein Magazin aus Wien: »Zum Dank für bereits geleistete Hilfe wurde die Tito-Straße in Laibach jetzt in Wiener Straße umbenannt.« Titel des Berichtes, bitte ich kann es beweisen, ich habe mir den Bericht aufgehoben. »Jugoslawien dankt Wien«.

Zurück zur slowenischen Hauptstadt: Im Gegensatz zur geradeaus führenden und für die Fuhrleute und Kutscher risikolos zu durchfahrenden Wienerstraße entstand das historische Ljubljana längs der häufig kurvenden Flusses namens Ljubljanica, den die Deutschen logischerweise als Laibach bezeichneten. Im Mittelalter umschloss das Weichbild mehr oder weniger drei Plätze: den Mestni trg (Hauptplatz) mit dem Rathaus, den Gornji trg (Oberen Platz) und den Novi trg (Neuen Platz) auf der anderen Seite des Flusses.

Auf der heutigen Slovenska laden heutzutage noch immer zwei alte Fuhrmannshäuser ein: Der Figovec, in dessen Garten die Gäste vom Verkehrslärm der nahen Durchzugsstraße erschüttert werden, der aber alte Fotos in seinen historischen Räumen aufbewahrt hat. Und die Šestica, die mit ihrem Namen sogar auf die Hausnummer in der alten Wiener Straße

verweist: Sechs. In der Šestica, die erstmals 1670 erwähnt wurde, jedoch heute die Hausnummer 40 trägt, kann man in dem der Straße abgewandten Bereich im Garten sitzen und vergnüglich dem Dauerläuten der Ursulinenkriche zuhören. Zudem trägt sie das Motiv »Kutscher mit Pferd« noch immer im Hauswappen.

Trotz dieser auch von vielen Einheimischen besuchten Fuhrmannshäuser bleibt eine gewisse Spannung aufrecht, ein das Stadtbild prägender Gegensatz bestimmt die Akzente: Da die engmaschige und kleinräumige Gegend rund um den Fluss, mit vielen Barockhäusern, kleinen Bars und noch kleineren Läden. Dort die breite Geschäftsstraße mit den Hochhäusern aus dem 20. Jahrhundert, etwa dem Nebotičnik, also dem Wolkenkratzer, den Vladimir Šubic 1933 für die Pensionsversicherung errichtet hatte, gesäumt von großspurigen Parkanlagen und repräsentativen Plätzen. Hier, aber nicht in der verwinkelten Altstadt, kommen die Begriffe linear und normaler Winkel großzügig zur Geltung: Normal zur alten Wiener Straße führte die Kaiser Franz Josephs-Straße zum Schloss Tivoli, in dem dereinst der greise Feldmarschall Radetzky residierte. In der Zwischenkriegszeit wurde sie nach einem feschen dunklen Mann, der aber wenig beliebt war und im fernen Beograd residierte, Alexandrova genannt. Heute heißt sie nach dem zweiten großen Autor der Stadt, wobei das zweite keine Wertung sein soll, sondern eine historische Einreihung, nach Ivan Cankar: Cankarjeva cesta.

Und wo sind die ehemaligen Herrscher der Stadt komprimiert? Wo können sie sich Jahre nach ihrer mit Milde oder mit Strenge ausgeübten Herrschaft die Hand reichen? Wo werden sie, da ihre Zeit abgelaufen war, für immer entsorgt? – Im Mestni muzej in der Gosposka, in der Herrengasse.

Hier stehen, ruhen, liegen sie, hier sind archiviert ihre Statuen, ihren Köpfe, teilweise ihre Stimmen, die man aus den Kopfhörern hören kann. Der Kaiser Karl VI., während dessen Herrschaft die Reichsstraße nach Triest, also die Wienerstraße, errichtet wurde. Der alte Kaiser Franz Joseph, in dessen Amtszeit die Stadt durch die Südbahn ans internationale Schienennetz angebunden wurde. Der auf den Bildern stets greise und in realiter ebenso stets hoch verschuldete Radetzky, der andauernd die bösen Italiener besiegte. Der im Kampf gegen die Okkupanten erprobte Josip Broz Tito, der danach als Marschall, Staatspräsident und dominanter Herrscher das föderative Jugoslawien repräsentierte. So nebenbei hatte er den höchsten Respekt vor den Ärzten im Laibacher Spital, und als er im Winter des Jahres 1980 verspürte, dass sein kampferprobtes Herz ihn im Stich lassen könnte, wählte er dafür das Spital in Ljubljana. Nach einer konstatierten Thrombose und der damit verbundenen Amputation eines Beines verkündeten schließlich die Ärzte im Laibacher Spital am 4. Mai 1980 um 15:05: Das war's, und das war auch das Ende seiner Epoche.

Bleibt nur mehr die Frage offen: Wo und in welchem Teil des Museums wird Janez Jansa, seit 1991 stets in unmittelbarer Nähe der Machtspitze, seit 1995 stets im Mittelpunkt von Korruptionsvorwürfen und des öfteren Regierungschef – seinen Platz finden?

Die Südbahn ▪ Die Fahrt nach Triest ▪ Die Fahrt nach Wien ▪ Jason in der Stadt

Wichtiger für die Entwicklung der Stadt war nicht die Wiener Straße, sondern die Südbahn. Da ihre Trasse aus dem Tal der Save kam und nicht wie die Reichsstraße oder Kaiserstraße oder Wiener Straße der Römerroute folgte, kreuzte sie die Wiener Straße, und kurz vor der Kreuzung wurde doch etwas entfernt von der Altstadt im Jahre 1849 der neue Hauptbahnhof errichtet. Ab 1849 gab es schon Züge nach Triest, aber nur eine irreguläre Verbindung zur Metropole an der Donau. Die Trasse war nämlich noch nicht geschlossen: Über den Sem-

mering mussten die Passagiere nach wie vor mit der Kutsche rumpeln.

Endlich, am 27. Juli 1857 gab es berechtigten Anlass zur Feier: Der erste Zug aus Wien dampfte in den Hauptbahnhof. Und wer kraxelte aus dem Salonwagen heraus? Ich weiß nicht, vielleicht hat man ihm auch eine Kletterhilfe zur Türe geschoben oder er wurde von seinen Vasallen herausgehievt: der damals noch junge Kaiser aus Wien. Und in der Triester Zeitung vom 27. Juli 1857 hatte ein Verseschmied sein Feuer entfacht und voller Demut zu formen begonnen: Gott erhalte unsern Kaiser / Ihn, der seiner treuen Stadt / auch des Dampfes Fluggespanne / segreich hier gespendet hat. / Hoher Herr, Dein mächtig Wollen / war allein der Zauberstab, / der dem Werk den großen / kühnen Fortgang und Vollendung gab.

Kein weiterer Hinweis auf die Indifferenz des Kaisers für den Ausbau des Eisenbahnnetzes, keine Erwähnung der Tatsache, dass er in Wien etwas später sogar den eigens für ihn errichteten Salonwagen der Stadtbahn mied.

Wichtiger ist, dass die Südbahntrasse stark in die Entwicklung der Stadt Ljubljana eingriff. In der zweiten Hälfte des 19. Jahrhunderts verbaute man das Gelände zwischen dem sich ringelnden Fluss und der Eisenbahn, mit der Resselstraße und der Miklošičstraße wurden zwei lineare Verbindungen geschaffen, die Blöcke dazwischen wurden nach Wiener Manier rasterförmig verbaut.

Mit dem Bau der Südbahn wurde natürlich die Gegend um die Trasse aufgewertet, die Fabriken entstanden längs der Trasse, nach 1918 wurde die breite Straße längs des Bahnhofes, die man heute wegen des vielspurigen Verkehrs zu Fuß kaum überqueren kann, in Masarykova cesta umbenannt, um die Verbundenheit mit dem Präsidenten der neu gegründeten Tschechoslowakischen Republik zu demonstrieren. Hingegen schwand die wirtschaftliche Bedeutung der Altstadt, der Schiffsverkehr kam beinahe zum Erliegen, mit ihm fielen die Hafenviertel und die Matrosenwirtshäuser in die historische Bedeutungslosigkeit. Es erfolgte ein verkehrspolitischer Systemwechsel, das System Schiff wurde verdrängt vom viel schnelleren und effizienteren System Eisenbahn.

Erst in letzter Zeit starten kleine Boote, die zu einem Ausflugsverkehr auf der Ljubljanica einladen, und mir bieten die kleinen Boote die Möglichkeit, auf den mythischen Gründer der Stadt hinzuweisen: Auf den alten Jason, ja, den griechischen Helden, der mit seinem Schiff und seiner Schlägertruppe, den sogenannten Argonauten, auf der Isther – griechischer Name für die Donau – hinauffuhr, dann dem Lauf der Save folgte, dann bei der Mündung der Ljubljanica in die Save eben jener folgte, bis er angesichts des großen Sumpfes die sagenhafte Schifffahrt beendete, eine größere schöpferische Pause einlegte, dabei den Drachen des Sumpfes erlegte, womit er das bis heute gültige Symbol der Stadt schuf, nämlich den Drachen, und nach der schöpferischen Pause mit seinen Argonauten in Richtung Süden, also gegen Istrien, zum Meere zog. Und der aufmerksame Leser wird sofort den sagenhaften Zusammenhang zwischen den Namen des Stromes und den Namen der Halbinsel entdecken. Und jetzt Ende der Mythologiestunde.

Der große Baumeister • Das große Staunen über seine Pyramiden, Säulen und Obelisken • Das große Schmunzeln über seine Sitzbänke

Und wo ist der Zusammenhang zwischen dem großen Baumeister und der Eisenbahn? – Ja, es gibt einen. Jože Plečnik – der große Baumeister – fuhr nach 1921 mit dem Zug mehrmals in der Woche von Ljubljana nach Prag und umgekehrt. Hat er doch nach seinem Rausschmiss aus Wien auf Betreiben des Thronfolgers Franz Ferdinand, der eher mit dem zweiten slowenischen Architekt sympathisierte, mit dem ich mich später beschäftigen werde, in Prag die Gesamtbauleitung des Hradschin übernommen und sich dabei mit dem Präsidenten der

Republik, mit Tomaš Masaryk, eng angefreundet. Und gleichzeitig erhielt er in Ljubljana die Professur an der technischen Hochschule. Also musste er jahrelang stets zwischen den beiden Städten pendeln.

Was mich auf die Idee bringt, den Zugverbindungen zwischen Prag und Laibach auf die Spur zu gehen. Also: Bereits 1907 dampfte ein D-Zug die herrliche Route von Dresden über Prag, Linz, den Pyhrn-Pass, Graz, Maribor, Ljubljana nach Triest. Und ab 1911 konnte man sogar in Berlin in diesen köstlichen Zug steigen und bis Triest reisen. Die Prag-Triest-Verbindung hielt bis in den Zweiten Krieg, als die Okkupationspolitik des Deutschen Reiches und die Veränderungen der politischen Landkarte die alten europäischen Streckenführungen zum Erliegen brachten.

In der Nachkriegszeit – ab 1948 – durfte wieder ein Zug von Prag Richtung Süden brausen, der aber von Ljubljana nach Rijeka weiterfuhr, weil Triest gehörte auf einmal zum falschen Block und wurde von Prag aus mit aller Entschiedenheit gemieden. Doch bereits 1951 wurde die Prag-Rijeka-Variante eingestellt. Dann vergingen mehr als fünfzig Jahre, genauer 54 Jahre, bis man wieder auf die Idee kam, die beiden nunmehrigen Hauptstädte miteinander zu verbinden, und am 11.12. 2005 wurde der erste Zug von Prag nach Ljubljana auf die Reise geschickt, und der Zug hieß Jože Plečnik!

Doch lange sollte die Freude nicht währen. Mit dem Fahrplanwechsel 2008-2009 wurde der Zug von Linz nach Salzburg umgeleitet, und das ist ein schlechtes Zeichen, denn bald darauf wurde er für immer eingestellt.

Den Zug gibt es also nicht mehr, aber der Name Plečnik ist in der Stadt allgegenwärtig. Stets wird darauf hingewiesen, dass das moderne Ljubljana ohne ihn unvorstellbar sei, es gibt Bücher, Fotobände, Biographien in allen Sprachen: »Plečniks Ljubljana«. Und auch mir bleibt nichts anderes übrig, als meine Tour durch die Stadt auf den Spuren des großen Baumeisters zu starten.

Ljubljana ist das weithin überragende Beispiel, wie man den Bezug zwischen Wasser und Stadt künstlerisch definiert, wobei die Definition nicht auf einfachste Weise, sondern auf schrullige, variantenreiche Weise erfolgt. Ich weiß wirklich nicht, ob Plečnik einen strikten Plan hatte, die Brücken zu errichten, ich weiß auch nicht, ob er überhaupt einen Bezug zum Fluss und zum längs des Flusses errichteten Markt hatte, mit seinen stinkenden Fischverkäufern und erdigen Blumenmädchen. Ich nehme jetzt einfach an, dass der professionelle Fußgänger Plečnik – er weigerte sich strikt, ein lärmendes und ihm unsympathisches Vehikel wie ein Auto zu benutzen – seine Wege, die ihn in die Stadt führten, markieren wollte, wie man Wanderwege im Gebirge markiert, im Dickicht der Stadt allerdings mit Säulen, Pyramiden, Obelisken, aber auch mit Bäumen. Er wollte seine Gänge inszenieren, mit grotesken und schrulligen, aber nie überbordenden Zeichen ausstatten, und da ihn der Weg oftmals über den Fluss führte, so blieb es ihm nicht erspart, sich mit dem Bau von Brücken zu beschäftigen.

Ich starte in Plečniks Wohnhaus in Trnovo. Damjan Prelovšek, sein Biograph, hatte mich vor Jahren schon durch das Wohnhaus geführt sowie danach die Villa seiner Großeltern gezeigt, die Villa Prelovšek. Plečnik, der als Asket Luxus und Prunk selbst total verweigerte, hatte diese Villa mit allen Ingredienzien von Gediegenheit und Wohlbestalltheit ausgestattet – im Material und in der Ausführung. Jedes Detail wurde von ihm akribisch entworfen, vom Kerzenständer über die Bücherregale bis zum Kupferblech für den Ofen. Damals hatte ich geschmunzelt über die Sitzgarnituren im Eingangsbereich. »Die sind für die Gäste, die man wieder loswerden will«, erklärte Damjan Prelovšek. »Weil diese Garnituren sind so konstruiert, dass niemand in ihnen sitzen kann«.

Ich besuche jetzt zum zweiten Mal das Wohnhaus des großen Baumeisters. Nach dessen Tod im Jahre 1957 wurde es kaum verändert, der Arbeitstisch ist vollgeräumt mit Schreib- und Zeichenmaterialien, mit Skizzen und Notizen. Am Bett im Arbeitsraum mit einer Leselampe, die sich durch Zug heben und senken lässt, kann man erkennen, wie bescheiden, spartanisch und asketisch der Meister gelebt und auf ein Privatleben mehr oder weniger verzichtet hat. Schmunzeln muss ich schon wieder: Ich entdecke eine Besucherbank im Eingangsbereich, die der über Besucher im Allgemeinen wenig erfreute Baumeister selber konstruiert hatte. Auch auf dieser Bank ist das Sitzen ein Ding der Unmöglichkeit.

Auf den Spuren des Meisters ▪ Die Stadt der Brücken die Stadt des Wassers

Von seinem Wohnhaus führt mich mein Weg zur Trnovo-Brücke. Ich muss eine Weile die Blicke schärfen, bis mir das Spezifische dieser Brücke ins Auge fällt: Die Baumreihen. Auf der Brücke sind Birken gepflanzt, die Blätter flirren im Wind, und die Birkenreihen entsprechen längeren Achsen, die sowohl mit dem Kirchenvorplatz, auf den die Brücke führt, als auch mit der Straße auf der anderen Brückenseite Bezüge bilden. Und zum Kontrast zu den Birken stehen als Brückenköpfe an den jeweiligen Endpunkten vier Pyramiden.

Ich biege ein zum Breg, also zum Gestade, und halte vor dem Haus mit der Nummer 12. Über die Ereignisse rund um das Haus hat Zoran Hočevar das Buch »Šolen z Brega«, in der deutschen Übersetzung »Herr Schühlein von Breg« geschrieben, wobei er diese Ereignisse auf lockere Weise mit den einzelnen Schritten zur Eigenstaatlichkeit Sloweniens im Jahre 1991 verknüpfte.

Die nächste Bücke, die Schusterbrücke, die Čevljarski most. Statt der Birken stehen auf der Brücke Säulen, Säulen mit verfremdeten ionischen Kapitellen, auf die Kapitelle sind zu ihnen passende schlanke Lampen gesetzt. Und wenn ich mich dreimal umdrehe und wieder auf die Kapitelle blicke, gewahre ich im ionischen Kapitell zwei mythisches Augen, die das Geschehen auf der Brücke beäugen, und nach der nächsten dreifachen Umdrehung sehe ich korinthische Akanthusblätter, auf die grazile Steinkugeln platziert sind, die hinunter zu kollern drohen. Und zwischen diesen Säulen, die ein gebrochenes Griechenland vermitteln, erblicke ich die mediterranen Häuserfronten mit ihren langen vorgelagerten Balkonen, die grünen Rollläden, die die Fenster versperren, und die Wäsche, die zum Trocknen ausgehängt von Balkon zu Balkon gespannt ist.

Der Nächste, den ich treffe, ist der Altbürgermeister Ivan Hribar. Sein Denkmal steht direkt am Gestade des Flusses, und ich setze mich ans Gestade und komm nicht umhin, mich mit der Geschichte zu beschäftigen.

Ivan Hribar war vor dem Ersten Weltkrieg Abgeordneter im Wiener Reichsrat, zudem Bürgermeister von Ljubljana, in seiner Amtszeit wurden nach dem Erdbeben von 1895 wichtige kommunale Projekte umgesetzt, doch seine Wiederwahl wurde vom alten Kaiser in Wien erfolgreich torpediert, weil Ivan Hribar bei Studentenprotesten gegen die Monarchie die slowenische Seite unterstützt hatte. Er war überzeugter Verfechter eines südslawischen föderativen Staates, war jahrelang Senator im Belgrader Parlament, und begann nach dem Aufkommen der Nazis in Deutschland und der Okkupation der sudetendeutschen Gebiete antifaschistische Achsen zu schnüren.

Bald darauf – 1941 – wurde das Königreich Jugoslawien von den Nazis zerstört, zerschlagen und zerstückelt, Slowenien wurde zwischen den faschistischen Mächten Italien und Deutschland aufgeteilt. Und Ljubljana gehörte auf einmal – anders als das nördlichere Maribor – zu Italien. Und die italienischen Okkupanten errichteten einen Stacheldraht rund um die Stadt, der die Einwohner zu domestizierten Bewohnern eines riesigen Lagers degradierte.

Ja, und am 28. Dezember 1941, da boten die Okkupanten dem Herrn Ivan Hribar das Amt des Bürgermeisters für dieses Lager an.

Der 90-jährige reagierte auf seine Weise: Als Zeichen des Protestes gegen die Okkupanten schlüpfte er in seinen Sonntagsanzug, umhüllte sich mit der jugoslawischen Fahne, und ging – ich wiederhole, am 28. Dezember – schnurgerade und sicheren Schrittes ins Wasser der Ljubljanica. Er ließ auf den Stufen einen Zettel mit Versen von France Prešeren zurück:

»Doch wenn die Götter uns zu sterben geben,
Ist nicht so schwarz die Nacht im Schoß der Erde,
Als Tage, wenn im Licht wir Sklaven leben!«

Die nächste Brücke, der Höhepunkt der inszenierten Fluss-landschaft: die Tromostovje, auf Englisch die Triple-Bridge, auf Deutsch wird etwas schlampig und kakophon die Bezeichnung »die Drei-Brücken« verwendet. Das Brückenensemble öffnet sich elegant und trichterförmig zum »Prešernov trg«, zum Prešeren-Platz, samt dessen Statue.

Der Prešeren France lässt dem Treiben auf dem Platz viel Raum – das hängt natürlich mit der ehemaligen Straßenführung zusammen, und thront dezent im Abseits. Die nackte Muse, die ihm den Lorbeer reicht, ist die italienische Tänzerin … aber davon später.

Ich setze mich zu den Füßen des Nationaldichters Nummer eins und beobachte das Treiben auf dem Platze, der eigentlich mangels Alternative als Hauptplatz der Stadt gelten kann. Radfahrer und Fußgänger dominieren das Stadtbild, vor allem die Radfahrer. Große Teile der Innenstadt sind autofrei, also Fußgängerzonen, und das Miteinander von Radfahrer und Fußgänger dürfte funktionieren. Vielleicht ist es einfach eine Gewohnheitssache, bei Kreuzungen auch als Fußgänger stets auf Gott sei Dank nicht rasenden Radler zu achten. So nebenbei erwähnt kann man in Ljubljana die neuralgischen und das Stadtbild bestimmenden Orte bequem zu Fuß erreichen, man braucht nicht einmal die städtischen Autobusse. Und wer weiß, vielleicht wird die alte Straßenbahn wieder eingeführt, die man in den Fünfzigerjahren eingestellt hatte.

Zum Thema Dominanz im Verkehrswesen eine kleine Episode. Im Križanke – selbstverständlich Plečnik – wurde ein Strawinski-Abend angeboten, im Freien und bei hochsommerlichen Temperaturen. Als ich gegen 21 Uhr in die Coizova wanderte, um mir das Konzert von außen ohne Eintrittskarten anzuhören, fiel mir auf: Der Verkehr war gesperrt! Alle die Križanke umgebenden Straßen waren von Polizisten abgeriegelt, nur die in der Regel leiseren Radfahrer kamen durch, und ich setzte mich auf ein Bankerl und konnte ungestört den wuchtigen Akkorden Strawinskis folgen. Indes vergrößerte sich die Zahl der Zaungäste und ich überließ nach einer halben Stunde charmant einem offenbar an Kreuzweh leidenden Fan meinen Bankerlplatz.

Und jetzt weiter auf den Spuren des Baumeisters. Ich überspringe – oder wandle kommentarlos – durch die Markthalle, ich erwähne nicht, dass das wunderbare Blumengeschäft mit dem Namen Zvonček – Schneeglöckerl – einem Souvenirladen weichen musste, ich verweise nicht darauf, dass das alte Zvonček der Miniaturform einer Palladiokirche gleicht, es fehlt bloß die Kuppel, und ich halte bei der Drachenbrücke.

Die Drachenbrücke, sie wird bewacht von den vier Drachen, die als prähistorische Brückensperrer oder als gegenwärtige Mauteintreiber herhalten müssen. Doch die Drachen – die Symboltiere der Stadt – schauen so entsetzlich aus, dass über sie die Schwiegermütterwitze kursieren.

Die letzte Brücke ist keine Brücke, sondern die Wehranlage, die schon allein deshalb notwendig ist, um durch eine bestimmte Wasserhöhe den notwendigen Druck an die Ufermauern zu gewährleisten, die ohne Druck zusammenbrechen würden.

Das Wehr verfremdet das antike Wasserbändigungs-Thema: auf der einen Seite drei Pylonen, urplötzlich abgeschnitten und durch ein etruskisches Schalenmotiv bekrönt – manche Historiker behaupteten damals irrtümlich, dass die Slowenen von den alten Etruskern abstammen.

Auf der anderen Seite ist die Wehr eher griechisch kostü-miert. Die schon wieder eingesetzten ionischen Säulen hal-ten medusenhafte Totenmasken zwischen den ionischen Rin-gen, die derartig verfremdet sind, dass sie mehr an abstehende Wiener Ohrwascheln erinnern als an ionische Kapitelle.

Und mit der Wehranlage möchte ich den ersten Weg been-den, dreimal »bela kava«, eine stärkende Mahlzeit im Fischla-den in der Markthalle und ein Disput mit einer Häuslfrau wa-ren der dafür nötige Einsatz.

Der zweite Plečnik-Weg ist ein allegorischer Weg. Er führt mich zum Friedhof. Der Friedhof heißt Žale und liegt weiter draußen im Osten der Stadt.

Die Stadt der Lebenden wird getrennt von der Stadt der To-ten durch ein mächtiges und sperriges zweigeschossiges Säu-lenportal. Eng sind die Säulen aneinander gerückt, in ihrer Strenge scheinen sie darauf zu achten, dass man nur mit einem ausgestellten Passierschein die Nekropole betreten kann.

Schnell husche ich – ohne Passagierschein – an einer Säule vorbei und blicke in die Stadt der Toten. Da muss einer mit überirdischer Gelassenheit ans Werk gegangen sein: Vor mir steht ein Himmel, ein Baldachin, mit gewölbtem Firmament. Links und rechts insgesamt 14 Kapellen, ohne erkennbares System zusammengestellt. Jede Kapelle schaut vollkommen anders aus: Da steht ein römischer Tumulus aus Stein, dort ein antiker Tempel, hier eine imposante Villa aus der Nobel-gegend, die Kapelle kommt mir wiederum maurisch vor, um nicht zu sagen: äußerst spanisch.

Jede Kapelle ist übrigens benannt nach dem jeweiligen Schutzpatron der Laibacher Pfarren, ich stehe und sinne lang in der letzten: Sie heißt Adam-und-Eva-Kapelle und ward vom tief religiösen Meister den Ungläubigen gewidmet.

Die Augen können sich nur langsam an die Einzelheiten ge-wöhnen. Tatsächlich, die Stadt der Toten hat als Widerspie-gelung der Stadt der lebenden Kandelaber, Bänke, Vasen und Bildsäulen. Und alles ist strahlend weiß, verstärkt durch das gleißende Sonnenlicht. Weiß ist der Brunnen, weiß sind die Bänke, weiß die Kreuze. Plečnik war der Ansicht, dass die Farbe weiß auf die Trauernden viel beruhigender wirke als die Farbe schwarz. In seiner sturen Konsequenz ging er dabei so weit, dass er die Kleidung für die Sargträger entwarf: weiße lose Gewänder mit weitkrempigen Hüten.

Alles in allem ein heiterer Anblick, vielleicht auch für die Toten. Wahrscheinlich soll ihnen die Möglichkeit geboten werden, des Nachts zur Geisterstunde nach dem Verlassen des Sarges in eine unendliche Heiterkeit ausbrechen zu können, um dann umso beruhigter und kathartisch gereinigter wieder ins Reich der Würmer und Maden zurückzukehren.

Der zweite Architekt ▪ Kein Leiberl in Laibach ▪ Die nackte Muse und der Dichterfürst

Aber es gibt in Ljubljana ein Leben ohne Plečnik, es gibt auch Bauten, die ohne seine kunstfertige Hand errichtet wurden. Und zur Sichtung dieser Bauten brauche ich nur eine halbe Stunde. Sie sind mit Max Fabiani verbunden, dem großen Kollegen und Kontrahenten Plečniks, und vielleicht hängt seine Unberücksichtigung auch damit zusammen, dass Fabiani sich nicht scheute, mit den Behörden des faschistischen Italien zu kooperieren, während Plečnik nach dem Schließen aller slowenischen Hochschulen seine Studenten zu Hause sozusagen illegal weiter unterrichtete.

Max Fabiani entwarf, vom Bürgermeister Ivan Hribar dazu motiviert, einen brillanten Stadtentwicklungsplan für Laibach, der sich sehr stark an das Wiener Vorbild anlehnte und letztendlich deswegen nicht verwirklicht wurde. Und in der Miklošičstraße – Gospod Miklošič war ein bedeutender Slawist und in der Phase der Bildung des südslawischen Staatenbundes eine herausragende Figur, in dieser Straße errichtete er viele Häuser im Jugendstil und er demonstrierte im einzigen Jugendstilpark der Welt, im Miklošičpark, wie man die sezessionistischen Eckhäuser mit ihren Ecktürmchen gestalten kann, die ein merkwürdiges Zusammenspiel von Spannung und Harmonie auslösen, und dieses Zusammenspiel ist selbst wieder voll Spannungen und Überraschungen.

Noch eine Überraschung: Der Park hieß lange Zeit Karl-Marx-Park. Karl Marx und Jugendstil? Karl Marx und Max Fabiani? Wahrscheinlich sorgte der auch am Rande des Parkes stehende Gerichtspalast für eine die Gegensätze der Klassen aufhebende Gerechtigkeit.

Die Achse der Miklošičstraße beginnt beim Hauptbahnhof und endet abends und morgens und mittags und nächtens vielbesucht am Hauptplatz beim Fluss mit der berühmten Statue von France Prešeren. Und der Architekt dieser 1905 errichteten Statue – angeblich Fabiani himself, als Baumeister gilt Ivan Zajc – überraschte auf doppelte Weise. Einmal blickte – und blickt bis heute – der Nationaldichter auf ein Relief am gegenüberstehenden Hauptmann-Haus. Dort ist Julija Primocova abgebildet, in die Prešeren unsterblich verliebt war, die jedoch einen anderen geheiratet hatte. Der Dichter blieb unbeweibt und starb in jungen Jahren.

Und eine nackte Muse hält über ihn den Lorbeerkranz. Diese nackte Muse wurde der italienischen Tänzerin Olympia Pozatti nachgeformt. Woraufhin sich der Laibacher Bischof Jeglič – er hatte auch schon die Bücher von Ivan Cankar verbrennen lassen – und die Gläubigen der Stadt fürchterlich über den Verlust der Sitten erregten. Die italienische Tänzerin musste des Nachts mit einem Stoffband verhüllt werden.

Ich frage France Prešeren um seine Meinung.

»Als dein Poet leg ich den Kranz dir nieder,
Nimm hier mein Weh, mit deinem Lob verschlungen,
Jedwedes Lied, im Herzen ist's entsprungen
Und feucht erblühen die Blumen meiner Lieder.«

Im Karst

Ivan Cankar und der gelebte Pauperismus ▪ Die Schule
unter der Brücke der Ljubljana ▪ Der Fluss mit
den sieben Namen

Von Ljubljana aus fahre ich auf der Triester Straße weiter, sie
dreht sich wie schon erwähnt nach Westen, um ja nicht im riesigen Sumpf, im barje, zu versickern, sie führt teilweise haar-
scharf an der Kante des Sumpfes entlang, bis sie endlich Vrchnika erreicht.

Heute wird Vrchnika von der wenig einladenden Durchzugsstraße, eben der Triester Straße, dominiert, die ähnlich
wie in Ljubljana in gerader Linie den Ort durchquert. Ich ahne
kaum etwas von der immensen Geschäftigkeit, die früher den
Ort zu Reichtum und Wohlstand gebracht hat: Hier in Vrchnika, die Deutschen nannten den Ort übrigens Oberlaibach,
wurden die von Triest kommenden Waren auf Schiffe verla-
den, der Weitertransport auf der Straße war wegen des Sumpfes zu riskant. Der Bau der Südbahn führte zum bekannten
Verdrängungsprozess, die Ära der Prosperität neigte sich dem
Ende zu, viele Berufszweige, Handwerker wie Arbeiter, verarmten.

Allerdings gibt es ein Motiv, hier zu halten, und das Motiv
betrifft nicht nur die wenigen prachtvollen Villen an der Triester Straße, die wie eine Kreuzung aus Jugendstil und Semmeringer Heimatstil anmuten. Kein Wunder, schließlich liegt der
Semmering direkt am Wege.

Nein, in Vrchnika wurde am 10. Mai 1876 Ivan Cankar geboren. Ich weiche nur ein paar Schritte von der Hauptstraße in die engmaschigen Räume dahinter. Welch großer Gegensatz, hier in der Stara cesta wird es eng und rumpelig, für Autos kein Durchkommen. Und dann schreite ich auf den kleinen Hügel, auf na klancu, dann wird es noch enger und noch rumpeliger. Linker Hand stand das Geburtshaus von Ivan Cankar, es stand hier, weil das Holzhaus mit dem Strohdach bereits kurz nach seiner Geburt abbrannte; gemauert war nur das Fundament sowie der untere Teil der Giebelseite.

Ivan Cankar schrieb über die Bewohner des Steilwegs: »Heruntergekommene Handwerker waren es und Bauern, deren Hütte und Grund man versteigert hatte, Trunksüchtige, die zu keiner Arbeit taugten und die schlechthin warteten, bis sie wie Vieh in einem Graben oder hinter einem Zaun verenden werden, sie versteckten sich am Steilweg, in den kleinen Hütten mit ihren kleinen Fenstern und Strohdächern.«

Der weitere Lebenslauf des Autors war bestimmt von tiefster Armut und schrecklichen Entbehrungen, man könnte ihn als Beschreiber der intensiven Verelendung oder des angewandten Pauperismus bezeichnen. Er beschrieb das Elend, ob er es hier in Vrchnika, in Ljubljana oder in Wien sichtete. In Ljubljana ließ Bischof Jeglič 1899 die Exemplare seines Erstlings mit dem Titel »Erotika« aufkaufen und verbrennen. In Wien teilte er sein Zimmer in einer Zimmer-Küche-Wohnung in der Lindauerstraße 26 mit mehreren Tschechen, er ließ sich mit einigen Frauen ein, so mit der Tochter seiner Quartiergeberin, er begann das Elend im Alkohol zu ertränken und schrieb erbarmungslose Berichte über die Zustände in Ottakring um die Jahrhundertwende. Als leidenschaftlichen Agitator für einen gemeinsamen südslawischen Staat sperrten ihn die österreichischen Behörden zweimal ins Gefängnis. Gegen Ende des Jahres 1918 – er war schon nach Ljubljana zurückgekehrt und harrte der Ausrufung des südslawischen Staates – stürzte er betrunken in einem Stiegenaufgang, an den Folgen des Sturzes verstarb er am 11. Dezember 1918.

Doch zurück nach Vrchnika. Geht man nicht auf den Steilweg, sondern in die andere Richtung zum barje, so stößt man auf die Brücke über die Ljubljanica. Über diese Brücke schrieb Ivan Cankar: »Ich habe in meinem Leben allerhand gelernt, aber so reichhaltige Kenntnisse, wie sie die Schule unter der Brücke ihren Schülern vermittelt, sind mir nie wieder und nirgends zuteil geworden. Wie viele Dinge birgt dieses kahle versengende Geröll: Zerbrochene alte Trichter, Wagenreifen, durchlöcherte Pfannen, zersprungene Töpfe, ….(es folgen noch vier Zeilen an Fundgegenständen, B.B.) Dem Lojze war es gelungen, eine Sparbüchse zu ergattern; sie war freilich leer, aber immerhin, eine Sparbüchse war es doch!«

Ein schönes Stück weiter gegen Süden, und ich stehe beim Izvir Ljubljanice, beim Ursprung der Ljubljanica. Aber das Ganze ist recht trügerisch und geheimnisvoll, denn in Wirklichkeit entspringt dieser eigenartige Fluss ganz woanders, nämlich in Kroatien. Dort trägt er freilich einen anderen Namen. Dann verschwindet er in karstiger Erde, bis er irgendwo wieder auftaucht, die Geschichte wiederholt sich mehrmals, der Fluss verschwindet und taucht wieder auf. Jeder Abschnitt, den der Fluss oberirdisch schafft, trägt einen anderen Namen, es ist aber der nämliche Fluss, und so wird der Fluss als ein numerales Phänomen der Natur bezeichnet: als der Fluss mit sieben Namen: Trebanovica, Obrh, Stržen, Rak, Pivka, Unica und Ljubljanica.

Immerhin. Gleich neben dem Fluss verläuft hier die Triester Straße. Und am Schluss meiner Reise, in Triest, werde ich resümieren, aha, auch die Straße unterliegt dem numeralen System mit den sieben Namen, der Unterschied besteht darin, dass sie nicht verschwindet und wieder auftaucht: Wiener Straße, Triester Straße, Partizanska, Dunajska, Ljubljanska, Tržaška, Strada per Vienna. Die Straße mit sieben Namen.

Nach dem Ortsgebiet von Vrchnika hört die gerade Linienführung der Straße auf und sie beginnt überraschend zu steigen: Mit ein paar Kurven dreht sie sich hinauf zum nächsten

Sumpf, zum nächsten Moor: dem Planinsko polje, also dem Planiner Feld. Wieder geht's gerade an der Kante zum polje weiter, bis ich die alte Ortschaft Planina erreiche. Planina wird als alte Fuhrmannsstadt bezeichnet, auf Hinweistafeln lese ich die stolzen Berichte, dass der gesamte Handel nach Triest Planina passierte. Es Folgte wieder eine kräftige Steilstufe hinauf in den Karst, die man mit vielen Kurven befahren musste, um dann endlich das Adelsberger Tor zu erreichen. Und so mussten alle Fuhrwerke hier in Planina haltmachen und den Vorspann bezahlen.

Heute gibt es in ganz Planina keine Übernächtigungsmöglichkeit, auch keine Gostilna, ich entdecke eine oder zwei Bars. Weiters sichte ich zwei Kirchen und auf der gegenüberliegenden Seite des polje auf einer steilen Karstrampe eine uralte und verwilderte Schlossruine namens Hasperk oder Haasberg, die dereinst denen zu Cobenzl gehört hatte. Ein Stückerl weiter, und in Rakek finde ich endlich die gostilna mit dem Namen gostišče Furman, also Gasthaus Fuhrmann. Im Inneren vom Furmann Bilder von Pferden sowie alte Weinflaschen und Uraltradios. Kurioserweise überlebte dieser Furman an der doch ziemlich geräumigen Bahnstation der Südbahn zu Rakek als Bahnhofsbeisl.

Zurück zur Triester Straße. Nach einer weiteren Steilstufe halte ich in Postojna.

Hier gibt es noch einen Fuhrmannskult, den sie zelebrieren in der alten Fuhrmannsstadt, am 8. Juli wird stets das Fuhrmannsfest begangen, an dem alte Kutschen aus allen Nachbardörfern heranrollen, Kutschen und Pferde sind geschmückt und dekoriert, die Kutscher tragen natürlich die alten Uniformen, dazu wird in großen Kesseln Fuhrmanngulasch gebraten. Die originellste Kutsche wird prämiiert von der Koperbank.

Und ich bin im Karst.

Wie man sich im Karst verirren kann • Die Poeten des Karstes sterben jung • Die bizarren Schönheiten verstecken sich tief unter der Erde

Und ich bin im Karst. Eisenbahn- und Straßentrassen sind eingeschnitten in der Kruste aus Stein, und der Stein selbst ist zerfurcht und ausgekratzt, die Form zerstört von den ausgewaschenen Löchern, und es ist der Karst.

Weil alle möglichen Leute dermaßen geschimpft haben über den Karst und in als »Wüste Österreichs« bezeichnet haben, setze ich nun an zu seiner Rehabilitierung.

Freilich weiß ich, dass er irritierend ist, der Karst, mit seinen Dolinen und Brüchen, mit seinen Senken und Buckeln, die sich einer Systematik entziehen und völlig entgegengesetzt sind unserer alpinen Einteilung in Täler einerseits und in Bergrücken anderseits.

Als es noch keine Wanderkarten gab, starteten Heinzi und ich in Divača, im Rucksack eine Straßenkarte von Jugoslawien, um den Brkini in Richtung Süden zu durchqueren. Trotz unserer Fähigkeiten, Himmelsrichtungen exakt zu bestimmen, unterliefen uns verhängnisvolle Fehler – wir folgten den Verlauf der Dolinen und landeten am Abend – nach vierzig oder fünfzig Kilometer – schon wieder in Divača.

Am nächsten Tag absolvierten wir dasselbe Programm – im Kreise Herumirren – unter der Erde, in unterirdischen Grotten und Domen: In den Škocjanske jame. Aber davon später.

Karst. Nichts anderes als die durch stetes Wasser ausgehöhlte Kalksteinschicht, als das Aufeinanderprallen der Elemente Stein und Wasser in ihrer jeweils reinsten Form sowie die Antwort auf die Frage: Wer ist hier härter?

Karst, das ist ein kleines Bergmassiv: Triest, das von den Slowenen so richtig karstig »Trst« genannt wird, liegt auf der einen Seite. Die Vipava, die in Görz in den Isonzo mündet, auf der anderen Seite. »Kras« sagen die Slowenen dazu, kommt vom indogermanischen »kar«, was soviel wie »Stein« bedeu-

tet, der dann die für die slawischen Sprachen typische Liqui-
dametathese zu »kras« erlitten hat. »Carso« sagen die Italiener,
und im Deutschen: der Karst.

Dort ist sozusagen der klassische Karst, der Urkarst, der
markenreine Prototyp. Und wo immer auf der ganzen Welt
ähnliche geologische Erscheinungen entstanden sind, so heißen sie: Kras, oder Carso, oder Karst.

Srečko Kosovel, geboren am 18. März 1904 im zehn Kilometer entfernten Sežana, gestorben am 25. Mai 1926, also mit 22
Jahren, in Tomaj, beide Orte liegen im Karst. Srečko Kosovel,
der Lyriker des Karstes, brechend und zerbrochen, schlagend
und zerschlagen, von mir übersetzt:

»In der Stille des Herbstes landet die Drossel im Karst.
Auf den Feldern ist niemand mehr.
Sie fliegt ganz allein über braches Land.
Nur der Jäger eilt hinterher.
In der Stille ein Schuß.
Ein dünner Fluß nur aus Blut.
Unbeweglich, die Drossel liegt da, sie liegt.«

Der Karst hat seine Geschichte. Ab 1335 gehörte er zum Herzogtum Krain und war somit Bestandteil erst des Heiligen
Römischen Reiches Deutscher Nation und später der Öster-
reichisch-Ungarischen Monarchie. Dann kam der Erste Weltkrieg mit seinen Isonzo-Schlachten. In der sechsten eroberten
die Italiener Görz, das von nun an Goricia heißen sollte. In der
zwölften setzten die Österreicher das verbotene Giftgas ein
und ermordeten 10.000 Italiener und verstümmelten weitere
30.000. Ab 1918 war der Karst auf einmal in Italien. Im März
1941 überfielen die Nazitruppen das damalige Königreich Jugoslawien, im Karst versteckten sich die Partisanen. Nach dem
Krieg wurde der Karst ein Teil der Sozialistischen Bundesre-
publik Jugoslawien, und seit Juni 1991 gehört er zur Republik
Slowenien. Viel kam der Karst herum im letzten Jahrhundert.

Scipio Slataper, das italienische Pendant zu Srečko Kosovel, schrieb »Il mio carso«, also »mein Karst«. Besser wäre es, seinen Erzählband mit »der Karst in mir« zu übersetzen.

Geboren am 14. Juli 1888 in Triest, der italienisch-österreichisch-slowenischen Stadt auf der anderen Seite des Karstes. Slataper, hergeleitet vom slowenischen slato pero; auf Deutsch: goldene Feder; auf Italienisch: Pennadoro. »Il mio carso«, erschienen 1912, geschrieben in Prosa, die sich als Lyrik verstellt, als Autobiographie, die die Erzählform zerschlägt.

Ab 1914 verfiel Scipio Slataper immer mehr der Kriegshysterie der italienischen Nationalisten, im Mai 1915 meldete er sich freiwillig an die Front. Als er die blutigen Schlachten um ein paar Meter toten Gesteins als brutales Morden empfand, reagierte er mit erstaunlicher Konsequenz: Am 3. Dezember 1915, nach 27 Jahren, vier Monaten und 19 Tagen seines Erdenlebens, meldete er sich zu einem Selbstmordkommando auf das Podgoramassiv.

Endlich oben, auf der Hochfläche des Karstes. Dichte Kiefernwälder, die herrlichen Eichen des ursprünglichen Karstwaldes wurden einer anderen Nutzung anvertraut und dienen heute als Pfahlträger für die Chiesas und Palazzos in Venedig. Zwischen den Wäldern: Dürres Gestrüpp, zwischen dem Gestrüpp nur mehr: Stein. Meine florale Agnostik erlaubt es mir nicht, die Disteln und Sträucher mit Namen zu nennen. Das Einzige, was ich zweifelsfrei erkenne, heißt: Stein. Am Wegrand wird er gestapelt, aus den Dolinen, den Erdtrichtern im Karst, die beinahe wie Bombentrichter aussehen, wird er herausgeholt und längs der Dolinenränder geschlichtet. Wohin der Blick fällt: Die Kruste ist aus Stein und Stacheln, und eines ist ihr fremd: das Wasser.

Scipio Slataper über den Karst: »Bruder, über dich streift die Sonne und der Blütenstaub, aber du erblühest nicht. Und das Eis spaltet dir die Haut in gerade Furchen, und du blutest nicht. Und du bringst kein Gewächs hervor, um die Frühlingswolken zurückzuhalten. Aber die Luft umarmt dich und sie umfängt dich wie eine große Decke einen Mann, der vergeblich auf seine Geliebte wartet. Karst, der du hart bist und gut!«

Natürlich ist die Hochfläche nicht flach. Riesige Einbrüche zerreißen den Karst, 200 Meter tief. Diese Karstpoljen tauchen völlig unerwartet auf und erwecken den Anschein, als hätte ein slawischer Urgott urplötzlich seine Streitaxt ausprobiert.

Verkehrsverbindungen und historische Siedlungen sind zumeist oben auf dem Hochplateau. Die Siedlungen wurden auf kleinen Kuppen errichtet, die Bewohner wollten sich schützen vor Tieren und Plünderern. Um den Scheitelpunkt der Kuppen in konzentrischen Kreisen aufgebaut und auf beschränktem Raum eng aneinander gerückt: die Häuser.

Manche dieser Steinbauten haben eine völlig eigenständige bäuerliche Kultur bewahrt: Außen ans Haus angebaut ist die Feuerstelle, die ognjišče, sie verengt sich kegelförmig nach oben, »konisch« würden die gebildeten Städter sagen. Über dem Eingangstor ein Architrav. Darauf meist zwei in Stein gemeißelte Köpfe. Sind es die voll Entsetzen in die triste Gegenwart blickenden Urahnen, die dereinst im Schweiße ihres Angesichts diese Wände gemauert haben? Oder sind es die Fratzen von Schutzgöttern, die Krankheiten und Diebe abschrecken sollen?

Vor dem Haus die Zisternen fürs Regenwasser, das Wasser wird in steinernen Rinnen abgeleitet. Dunkel sind die niederen Räume, klein die Fenster, doch in den Proportionen passen Fenster und Steinwände wieder zusammen. Und es kann schon vorkommen, dass in den dunklen und leeren Stuben eine schwarzgekleidete zahnlose Alte hockt, die verdüstert ins ewige Nichts starrt.

Srečko Kosovel ein wenig kitschig über das Dorf im Karst:

»Im grünes Nest der Kiefernarme
ein weißes und verstaubtes Dorf,
ein halbverschlafenes Dorf.

An der Kirchenmauer liegt jemand still
im Grab. Die Heckenrose blüht.
Vom weißen Dorf her weiße Wege
und jeder Weg zu meinem Herzen führt.«

Auf dem Scheitelpunkt der Kuppe, manchmal auf einer Kuppe
außerhalb des Dorfes: Ein »Tabor«, die von Mauern umgebene
Wehrkirche. Die Wehrkirche von Ocizla, Maria Magdalena,
stammt aus dem Jahr 1601; die von Škocjan aus 1607. Die Kirchen sind geschlossen, auf der Wiese vor St. Magdalena grasen
die Ziegen, am Kirchengemäuer blühen die Heckenrosen. Der
Glockenturm von St. Magdalena ist offen, über mehrere Lei-
tern klettere ich hinauf. Ich wage es nicht, die Glocke zu läu-
ten. Es hätte die Totenglocke sein können.

Srečko Kosovel kurz vor seinem Tod:

»Fremd
Im Dorf.
Im Dunkel
kracht der Schuppen.
Die Bora klettert
auf die Mauern, schreit
ins Fenster: Wer?
Das Fenster erhellt
die Finsternis.
Am Ende vom Dorf
die Kiefer stürmt
zittert,
weil sie mich erkennt . . .«

Die Bora habe ich diesmal nicht erlebt. Ich kenne sie vom
Winter: Ein gewaltiger Sturm, der Stämme wirft und Mauern
bricht. Mit wildem Atem fegt sie über das karge Land, das ihr
nicht mehr viel entgegenzusetzen hat. Dächer werden abge-
deckt, die Folien der Gemüsebeete abgetragen.

Der slowenische Historiker Valvasor schrieb im 17. Jahrhundert, dass die Bora auch für Menschen gefährlich werden könne. Oft sei es winters unmöglich, über den Karst nach Sežana zu gelangen: Menschen wurden niedergeworfen, manche kamen dabei ums Leben.

Da die historischen Handelsrouten zum nördlichsten Mittelmeerhafen in Triest den Karst hier querten, konnte sich die Bora für die von ihr zugefügten Schäden revanchieren: Frachtgut, auf die Straße gekippt, war nach damaliger Rechtslage Gemeinbesitz. Und die am Straßenrand Wartenden wurden im Sinne einer ausgleichenden Gerechtigkeit mit Fellen aus dem hohen Norden und Duftstoffen aus dem Fernen Osten entschädigt.

Im 19. Jahrhundert begann man mit den ersten Aufforstungen; die Pläne stammten von einem Förster namens Jozef Ressel, der später in die Residenzstadt ziehen und mit einer anderen Erfindung sozusagen Schiffbruch erleiden sollte. Kiefern, das war seine Lösung für den Karst, Aufforstung durch Kiefern. Zwar ein Fremdling im ursprünglichen Karstwald, doch geschätzt wegen seiner hartnäckigen Resistenz gegenüber der Bora.

Scipio Slataper: »Schön ist sie, die Bora. Es ist dein Atem, gewaltiger Bruder. Zornig breitest du ihn im Raum aus, und die Stürme zerspalten sich vom Boden weg und das aus den Tiefen angeschwollene Meer schüttet sich ungeheuerlich gegen den Himmel. Es knirscht und wirbelt die Stadt, wenn du dein rauhes Gemüt ausläßt. Bruder, mit deiner großen Seele will ich dort hinuntersteigen.«

Die Bora hat mich nicht erwischt. Hingegen: Die Sonne brennt ohne Gnade. Die Luft steht schwer und mit dem Messer kann ich sie in Stücke reißen. Das Stirntuch wird nach jeder halben Stunde ausgewunden und ich verstehe die Bedeutung, die die Südländer den schattenspendenden Olivenbäumen beimaßen.

Überhaupt funktioniert das sinnliche Wahrnehmungssystem, wenn ich zu Fuß ein fremdes Terrain erschließe, ganz anders als am Fenster des Zuges oder des Autos. Eine Kette isolierter Beobachtungen, die in ihrer Totalität aber doch so etwas wie eine Kette ergibt: Die Eidechsen rascheln im Stein. Die Grillen zirpen im Gestrüpp. Die Schlangen. Neben der Hauptstraße: vereinzelt ein überfahrener Igel. Des öfteren zermatschte Eidechsen. Fast serienmäßig verquollene Reste von Kröten und Fröschen.

Und in den Dörfern: Die Pferdetränken unterm Holzverbau. Alle 30 Meter ein Steinbrunnen, stillgelegt. Vor jedem bewohntem Haus: ein bellender Hund. Ab und zu komme ich ins Gespräch mit den Hausbewohnern. Einer hält mich für einen Schmuggler. Ein anderer holt seine 90-jährige Mutter heraus, sie bringt mir ein Glas Kaffee. Als ich ihnen von »Dunaj« erzähle, kontern mehrere mit dem Vater, dem Großonkel oder dem Urgroßvater. Alle hätten sie irgendwann einmal für Dunaj gekämpft.

Ebenso eine Kette isolierter Empfindungen: Die Füße spüren den Unterschied zwischen Steinboden und Lehmboden. Die Geschmacksnerven spüren den Unterschied zwischen Brombeeren vor und nach dem Regen. Vorher schmecken sie reifer und brombeeriger, nachher fruchtiger und erfrischender. Und es fehlt nur mehr ein Haar – besser gesagt eine Dorne – und ich kann trotz meiner floralen Agnostik die Disteln und Hecken und Gestrüppe unterscheiden, die längs des Weges stechen, krachen und zwicken. Bis zum Diktam hab ich's bereits gebracht.

Angewidert von den seichten Niederungen streifte Scipio Slataper oft tagelang im Karst umher. Er verschwand dort auch nach dem Selbstmord seiner Freundin Anna Pulitzer, die im Abschiedsbrief geschrieben hatte: »Scipio, ich liebe dich auf ewig. Das soll für dein Werk sein. Ich erwarte es.«

Im Karst gewann er die männliche Härte zurück und tobte seine gewaltigen Kräfte aus, ehe er hart wie Kruppstahl wieder in die Niederungen zurückkehrte. Er schrieb: »Meine Axt ist schön, mit einem langen Schaft aus Eichenholz und einem quadratischem Öhr. Sie lächelt kalt wie Eis. Sie ist lustlos und faul, voll Verachtung ... Die Menschen glauben nicht, dass ich kalt und ruhig bin und dass mir ihr Elend nur ein Gefühl von Langeweile bereitet.«

Am 3. 12. 1915 wurde der Karst sein Grab, als er von dem Selbstmordkommando auf der Podgora nicht mehr zurückkehrte.

In jedem halbwegs großen Dorf stehen die Partisanendenkmäler, weit sichtbar die Fahnenstangen, meist drei oder vier an der Zahl; der rote Fünfzack; ein meist auffallend schlichter Stein, darauf das »Gestorben für die Freiheit, ermordet von den Okkupanten«. Diese werden nie mit Namen genannt, als könnte man das Böse so besser bannen. Die Ermordeten hingegen schon. Sechzehnjährige sind dabei, Fünfzehnjährige, die Buben, die sich verschreckt und verängstigt in den Heuschobern und Ochsenkrippen vor den Nazis versteckt hatten.

Eher selten die Soldatenfriedhöfe der Österreicher aus dem 1. Weltkrieg. Was heißt da schon: Österreicher? Jene Buben, von Gott, Kaiser und Vaterland in den Karst geschickt, um ein paar Zentner Stein zu erkämpfen. Was haben sie erhalten? Den Platz im Stein und ein Kreuz ohne Namen. Einen Namen haben nur die Chargierten: Da der polnische Leutnant, dort der Wiener Leutnant, beide vom 30. Infanteriebataillon. Dornen wachsen im Friedhof und winden sich um die Kreuze, aber wen sollen sie erlösen. Vielleicht den Adler. Der Adler aus Beton in der Mitte, das eine Bein ist abgebröckelt und der linke Flügel besteht aus dem Rost der Eisenstange. Welch Denkmal für den Absturz von Habsburgs Ruhm und Glorie.

Vor dem Rathaus oder vor der Schule oft die lipa, die Linde, eingesetzt am 26. Juni 1991, dem Tag der Proklamation der Unabhängigkeit Sloweniens. Mittlerweile sind die Linden schon über zwei Meter hoch, bald drei Meter.

Heute sind die Gräben zwischen den »Roten« und den »Weißen« noch nicht zugeschüttet; im Gegenteil, in den kleinen Dörfern weiß man genau, wer damals beiden Partisanen und wer bei den Weißgardisten war. Und in den Gasthäusern und in den Kirchen und in den Schulen führen die Enkel der Kämpfer des damaligen Bürgerkrieges einen um Abgrenzung und Missachtung bemühten kalten Krieg weiter. Wobei die »Weißen« mit dem Premier Janez Jansa, der allerdings spektakulär die Seiten gewechselt hatte, die Verteidigung der Heimat, das wahre Slowenentum und den Kampf gegen die Kommunisten für sich verbuchen wollen.

Beinahe hätte ich darauf vergessen: Der Wein. Die gezinkten Blätter sind jetzt orange und rot und braun, herbstlich bunt schimmern sie gegen das Sonnenlicht und kein Blatt ist an Farbe und Zinkung mit dem nächsten zu vergleichen. Die Stöcke sind gebunden an Akazienstangen, schwer hängen die Trauben herunter und die Trauben sind rot und orange und grün.

Einige Wochen später sind die Flaschen gefüllt. Da gibt es den Teran, den typischen Karstteran, in Tomaj schmeckt er anders als in Dutovlje und dort wieder anders als im nächsten Dorf, der schwarze Wein aus roter Erde. Christoph Wagner hat einmal erzählt, die Triester Straße trenne die echten Teranstöcke, erkennbar an der eisenhaltigen geröteten Erde, von den falschen Stöcken. Die echten seien im Osten, also links, die falschen im Westen, also rechts. Wer will, kann selber diese vinologische Spur verfolgen.

Ein Besuch in der Unterwelt ▪
Dante als Reisebegleiter ▪ Durch stille
Dome und rauschenden Höllen

Ob die damaligen Triestfahrer die Höhlen von Škocjanske jame, also die Skanzianer Höhlen, besucht hatten? Möglicherweise, da sie schon zu römischer Zeit bekannt gewesen waren, Timavus nannten die Römer den Fluss, der hier verschwindet und bei Duino aus dem Felsen hervorquillt, auch in späterer Zeit gab es manche Verwegene, die auf eigene Faust, auf eigenem Schuh, ins Höhleninnere vordringen wollten. Ab 1883 – also recht früh – begann die systematische Erforschung der Höhlensysteme – deswegen lautet der korrekte Ausdruck auch »jame«, also Höhlen – durch den Deutschösterreichischen Alpenverein. 1885 wurde der Schaubetrieb eröffnet, und 1898 notierte Sigmund Freud: »Die Höhlen von St. Canzian sind ein schauerliches Naturwunder, ein unterirdischer Flußlauf durch großartiges Gewölbe, Wasserfälle, Tropfsteinbildungen, Nacht, schlüpfrige, mit eisernen Geländern versicherte Wege. Der reine Tartarus. Wenn Dante dergleichen gesehen hätte, so brauchte er für sein Inferno nicht viel Phantasieanstrengung mehr.«

Nach 1918 – nach dem 1. Weltkrieg gehörte der Karst bekanntlich zu Italien – warfen die neuen italienischen Machthaber alle deutschen Hinweisschilder, historische Interpretationen und Schautafeln des Alpenvereins in den Fluss Reka und verbrannten das Gästebuch.

Ich probiere es diesmal wieder, und ich muss die Sprache erst finden, die erprobt ist zur Schilderung der typischen Karsterscheinungen. Ich kann diese nur aufzählen, aber weder erklären noch würdigen in unserer dafür noch nicht ausgebildeten Sprache, der See, der verschwindet, der austrocknet, aber in zwei bis drei Tagen sich wieder füllt, um hernach erneut auszutrocknen. Die Höhlen, wenn die Batterielampe eingeschaltet ist, erkenne ich das Skelett von Höhlenbären, und wenn die Batterielampe ausgeschaltet ist, erkenne ich gar nichts mehr außer Düsternis und Schweigen. So nehme mir sicherheitshalber den alten Dante als Reisebegleiter. Wer weiß, wann ich wieder Gelegenheit habe, in sein Inferno zu gelangen.

Also gut. Die Škocjanske jame werden von hinten über einen künstlichen Stollen erschlossen. Zuerst klettern wir behänden Schrittes in die »Stille Hölle«, die so still ist, dass die Peterskirche mit 200 lärmenden Touristen Platz finden würde. Dann – Dante mahnt zur Stille und zur Konzentration – folgt das »Paradies«, es wird bewacht von einem wütenden Engel mit dem Schwert aus blankem Eis. Nach dem Paradies die »Rauschende Hölle«, bewacht von einem dreikehligen Zerberus, dahinter lauern Drachenknoll und Rötelfuß. Abschließend der Riesenschlund, das offene Tor zur Unterwelt.

Wahrscheinlich wird der alte Dante mich zurückhalten und flüstern: Laßt, die ihr reingeht, alle Hoffnung fahren! Vorbeugend erzähle ich ihm, das ich mich schon längst verirrt habe, oben, in den Dolinen des Karstes, und dass mir jetzt absolut nicht bang ist vor den unterirdischen Tücken der Hölle. Also richten wir optimistisch die Daumen in die Höhe und beginnen zu klettern.

Und wir klettern hinab, wir steigen in die »Rauschende Hölle«, Dante blickt im Kreis und stellt fest: »Ich bin im dritten Kreis, wo kalter Regen als Fluch herniederfällt in ewiger Dauer. Schmutzwasser, Schnee und Hagel, körnigrauher, durchfegen hier die Luft mit Brausen. Das Untier Zerberus, seltsam zum Grausen, bellt wie ein Hund aus dreier Kehlen voller Wucht das Volk an, das hier eingetaucht muss hausen.«

Dante winkt mir, dann klettert er weiter, lässt keine Müdigkeit erkennen, während ich in der ungewohnten und recht kalten Szenerie ein bisschen schnaufe, und Dante erreiche den letzten Höllenkreis. Dort »seh ich bizarr den See, der Glas vor Frost, nicht Wasser mochte scheinen. Und wie der Frosch herausstreckt dicht am Saum des Wassergrabens seine Backen, steckten frostblau im Eis die Schatten, schmerzvoll klagend, zahnklappernd gleich der Störche Schnabelknacken. Den Kopf gesenkt hielt jeder bangverzagt vor Kälte mit dem Mund, der zitternd bebte, vor Seelenqual mit ihren Blicken zitternd.«

Frostblau im Eis die Schatten. Dante hat sie zu seinen Lebzeiten in der Hölle identifiziert als Luzifer, als Brutus und als Cassius. Wer weiß, auf wen wir uns heute einigen könnten, bei elektrischem Licht und angesichts der allseits zunehmenden Zahl an Teufeln.

Sežana · Die Übernachtung im Lager · Der posttitoitische Goldgräberstil und die Zerstörung der Grenzgebiete

Am Abend will ich Sežana erreichen, und ich trabe munter auf der Triester Straße. In früheren Zeiten wurden hier die Bäume gefällt, um Räubern keine Verstecke zu bieten, und die Postkutschen hatten auf den Dächern Ringe befestigt, durch welche Seile gespannt wurden. Diese Seile wurden von die Kutschen begleitenden Karstbewohnern gehalten – dadurch sollte verhindert werden, dass die Bora die Kutschen von der Straße fegte.

Dementsprechend sauer waren die Kommentare der damaligen Reisenden, und erst seit zwanzig Jahren sollte der Karst eine Imagekorrektur erfahren, zu der auch Peter Handke mit seinen Berichten über die Karstwanderungen beigetragen hat. Und natürlich in letzter Zeit der unentbehrliche Klassiker für jeden Karstwanderer, das Buch »tiefer gehen« von Pilgram&Berger&Koroschitz, 2011 erschienen im Drava-Verlag.

Jetzt lässt man den vertrauten Luxus und die Last der Zivilisation im heimatlichen Domizil zurück und gibt sich, ja liefert sich bewusst der Kargheit und der Zurückgezogenheit der Landschaft aus, im Bestreben, ihrer ursprünglichen Abweisung neue Einsichten entgegensetzen zu können.

Gut. Ich stehe am Abend auf der Eisenbahnbrücke in Sežana, lehne mich an das Geländer und starre zum Zentrum. Weil es gerade passt, möchte ich wieder einmal Herrn Seume zitieren:

»In Sessana hatte mir das erste Wirthshaus gar keine gute Miene, und es hielten eine gewaltige Menge Fuhrleute davor. Der Ort ist nicht ganz klein, dachte ich, es wird sich schon ein anderes besseres finden. Es fand sich keins, ich war zu faul zu dem ersten zurückzugehen, ging also vorwärts: und war von Sessana bis an die Douane von Triest nichts zu haben. Es ist lauter steiniger Bergrücken und es war kein Tropfen gutes Wasser zu finden: das war für einen durstigen Fußgänger das verdrießlichste.«

Hätte er einen Wein testen sollen, der war damals sicher ge-
sünder als das Wasser. Gut. Ich habe von der Brücke aus ein Motel gesichtet, das ich jetzt mit schnellem Schritte ansteuere. Ja,
es heißt tatsächlich Motel, wir sind in der Nähe von Autobahnen, und dort heißt jedes Lokal Motel, und ich bestelle im Motel
mit meinem tschechischen Slowenisch einen Kaffee. »Mluviš
česky?«, fragt der Kellner. »Ano, mluvim česky.« – »Odkud
jste?«– So erfahre ich, dass man im gesamten Ort nur mehr im
Tabor übernachten kann, auf Deutsch im Lager, im Gefange-
nenlager, und dass das Hotel Triglav schon zugesperrt hat, das
früher für die Reisenden der ideale Unterschlupf war, und dass
man auch im Motel nicht übernachten kann, weil das Motel nur
mehr Motel heißt. Zumindest der Kaffee schmeckt gut.

Also auf ins Lager, ins Tabor, einem Einheitsblockbau unbekannten Alters mit einem angeschlossenen Casino, das aber
den Betrieb eingestellt hat. Ich erhielt ein Minizimmer mit
Blick auf den Bahnhof. Nach einer Viertelstunde mit Blick auf
den Bahnhof raffe ich mich zur Erkundung des Ortes auf. Ich
spaziere zum Ortsende und zurück, auf die Eisenbahnbrücke
und zum überdimensionierten Bahnhof. Nach den Spazie-
rungen konstatiere ich: Die alten Orte sind zerschunden und
zerstört, und ich bin offenbar ein Chronist der Zerstörungen,
die in den letzten zehn fünfzehn Jahren angerichtet wurden:
Hauptplatz, Kirchenplatz, Bahnhofsplatz sind nicht mehr erkennbar. Statt ihnen sind wild und durcheinander und ohne
ein bisschen Gefühl im Protz hingestellt: Casinos und Bars
und Banken und Agencies. Bauweise: Der posttitoistische
Goldgräberstil. Ich flaniere noch einmal auf der Hauptstraße,
der alten Triester Straße, ihr jetziger Name: Partizanska. Und
geschlossen ist das alte Hotel Triglav, zerstört ist die gostilna Mohorčič. Es gibt auch keine einzige gostilna mehr auf
der Hauptstraße, obwohl ich mich erinnere, dass der viel zu
früh verstorbene Christoph Wagner mir von einer tollen gostilna in Bahnhofsnähe berichtet hatte. Ich finde sie später bei
der Rückreise auf der anderen Seite der Eisenbahntrasse. Aber

in der Bahnhofsnähe entdecke ich nur das Bahnhofscafe, und dort sitzen die rauchenden und sich ein wenig fadisierenden Eisenbahner des überdimensionierten und noch an die alte Grenzlage erinnernden kolossartigen Bahnhofes.

Freilich sichte ich auch das Geburtshaus von Srečko Kosovel, ein nach ihm benannter Wanderweg führt von hier nach Tomaj. Aber auf Straßen bin ich schon genug gehatscht, so belasse ich es bei seinen Texten und verzichte auf seinen Wanderweg.

Also zurück ins Tabor mit Fensterblick auf den Bahnhof. Sežana ist ein laues Grenzdorf längs einer Grenze, die es nicht mehr gibt, und diese nicht mehr vorhandene Grenze hat dem Ort den Garaus gemacht. Grenzen zerstören die an ihnen aufgefädelten Orte, und wenn die Grenzen weggefallen sind, so bleiben die Zerstörungen und Verwerfungen, die offenbar nicht mehr saniert werden können.

Triest

Opicina ▪ Ich lande auf der Autobahn ▪ Der Obelisk
Nummer zwei ▪ Der berühmte Zweier von Triest

Am nächsten Morgen schnüre ich meinen Rucksack und gehe
auf der alten Triester Straße nach Triest. Erst noch auf der Partizanska, links neben mir überdimensionierte Parkplätze und
Hallen, in denen unzähligen Lastwägen zu mir unbekannten
Zwecken stationiert sind. Ich folge der vermeintlichen Straße
nach Triest, nehme eine sanfte Kurve, links ein verschrotte-
tes Casino – und auf einmal stehe ich mitten auf der Autobahn.

Ja was tun. Vorsichtig eile ich in die Mitte der beiden Bahn-
hälften, dort tauchen die ehemaligen amtlichen Zoll- und
Grenzbüros auf. Sie entsprechen der mir bekannten Typologie
von Grenzstationen: Riesengroß, dimensioniert für einen anderen viel größeren Planeten, um dort ihr überirdisches Amt
auszuüben und den Verkehr mit dem Nachbarplaneten zu über-
wachen und zu kontrollieren; nicht sehr alt, also erst zehn oder
fünfzehn Jahre auf dem amtlichen Buckel, und völlig leer ste-
hend und funktionslos, ausweglos dem Verfall preisgegeben.

Ich eile – ich bin nach wie vor auf der Autobahn – durch
mehrere slowenische, dann durch italienische Grenzbauten,
dann folgt das grenznahe Ensemble, das wie üblich aus Nacht-
club, Wechselstube und Restaurant besteht, alle Ensemble-
teile geschlossen und einer grauslichen Zukunft harrend. Kurioserweise lockt ein Gartencenter, das erst vor Kurzem an der
Grenze seine Pforten geöffnet hat – einige Autos halten und
die Fahrer packen irgendwelche Sonderangebote ein.

Ja, und dann entdecke ich – schon ein wenig besorgt und irritiert – ein Schild »Trieste« – und ich biege nach rechts ab und da habe ich sie wieder, die alte Reichsstraße. Dreimal Durchatmen, sie sollen ja nicht abgerissen werden, diese verstörenden und hässlichen Grenzbauten, weil immer wieder irgendwelche Politiker fordern, dass man gefälligst die Grenzkontrollen wieder einführen müsse, um den Zuzug der bösen Ausländer zu verhindern, die einmal von dieser Seite, ein andermal von der anderen Seite kommen. Nach dem dritten Atemzug wische ich mir den kalten Angstschweiß von der Stirn: Jetzt geht's erst nach Villa Opicina, dem slowenischen Opčine, dem Dorf am Karst, das schon zu Triest gehört, und dann weiter zum Obelisken.

Die asphaltierte Trasse der alten Reichsstraße verläuft auf einem Damm, der Damm ist schnurgerade über das dichte Gestrüpp in den Karstpoljen errichtet und nach einer Stunde sichte ich das Ortsschild: Villa Opicina, Opčine.

Halt, ja halt, da war ja noch etwas. Der Name der Straße, was stand dort, auf den Straßenschildern. Die alte Reichsstraße heißt auf einmal Strada per Vienna, also Wiener Straße, die Antipode zur Triester Straße am Matzleinsdorfer Platz! Auf einem Schild lese ich alle drei Namen: Strada per Vienna, Dunajska cesta, Wiener Straße. Freilich, das muss ich erst verdauen. Ich setze mich – Bankerl gibt's keine – auf meinen Rucksack und vertilge mit einem andächtigen Gruß an Wien ein Packerl Mannerschnitten.

Den Ort Villa Opicina werde ich später anschauen, mein Ziel ist der wunderbare Obelisk. Mit gemessenem Schritt schlendere ich auf dem Gehsteig durch den stark belebten Ort, ich erblicke vorne die Endstation meiner Lieblingsstraßenbahn, der Linie 2 von Triest, gewahre, dass viele der Gasthausgärten geschlossen sind. Nach dem Ortsende noch einmal zwanzig Minuten auf dem Damm über die Karststraße, dann erspähte ich – es ist genau 12 Uhr Mittag – den Obelisken. Und mit dem Obelisken und seinem Standort wahrlich

den schönsten Fleck meiner gesamten Tour von der Donau-
stadt in die Adriastadt.

Bei meinen letzten Besuchen konnte ich ihn kaum mehr
wahrnehmen, die Kiefern des Karstes haben den Obelisken
fast zur Gänze versteckt. Jetzt ist er zur Besichtigung freige-
geben, die ihn überwuchernden Bäume sind geschlägert, stolz
steht der hohe und schlanke Obelisk auf einem Art Ehrenhü-
gel, sein gesamtes Areal erhielt eine vor Eindringlingen schüt-
zende Eisenkette, für den Pilgerer führt ein einsamer Weg zum
Rücken des Obelisken. Dort kann man sich vor Ehrfurcht nie-
derknien und auf einer Informationstafel lesen: »1830 saw the
termination and inauguration of the Nuova strada per Optschina ordered by Franz I., Emperor of Austria, to meet the de-
mands of traders locally and from further abroad.«

Was, der Einserfranzi steckt dahinter, dieser unbarmher-
zige und gefühllose Despot aus dem Hause Habsburg, dieser
Franz I. ist schuld! Ihm wurde der Obelisk gewidmet! Er hat
diese befestigte Straße durch den Karst in Jahre 1830 errichten lassen!

Schnell wende ich mich ab vom Obelisken, betrachte nicht
das vis-a-vis verfallende Hotel gleichen Namens, sondern
richte die Blicke nach Süden. Ja, endlich, das ist das Meer. Hier,
beim Obelisken, erblickte jeder aus Wien Kommende zum
ersten Mal dieses Meer. Hier führte die Reichsstraße – die Kaiserstraße – zu einer Steilstufe, zu einem Karstbruch, und hier
sieht man das erste Mal auf Triest, auf den Hafen, und auf die
Bucht von Triest. Hier blieb jeder verwundert stehen – und
begann ausgiebig zu staunen. Diese Phase »Staunen« konnte
schon eine Stunde dauern, einen halben Tag, – hier erblick-
ten Grillparzer, Stifter, aber auch Franz Joseph mit einem Einser hintendran das erste Mal in ihrem Leben etwas, das einen
nachhaltig schäumenden Eindruck in ihrem Gemüte hinterlassen sollte.

Ich setze mich auf ein Bankerl und lasse die Blicke schweifen. Freilich, das offene Meer ist es nicht, das offene Meer, das

am Horizont mit dem Himmel zusammenstürzt oder sich harmonisch vereinigt oder beim Zusammensturz sich gegenseitig bekämpft. Der Blick wird doppelt begrenzt, erst vom Landrücken mit Muggia, und dann vom dahinter liegenden Landrücken mit Piran. Die vielhügelige Stadt selber schiebt sich in das Blickfeld und ich betrachte den Borgo teresiano, das Ufer mit den Molen und dem ehemaligen Hafen.

Ich verzehre auf dem Bankerl eine Orange, sichte kein Kaffeehaus oder keine Bar, schlendere zu den Informationstafeln über Jozef Ressel und seine Karstkiefern, setze mich auf die Wurzeln eines Kiefernstammes und blättere nach in mitgeschleppten Büchern. Genauer in dem ausgezeichneten Buch »Trieste, Trst, Triest«, erschienen vor Urzeiten in der Edition »Umbruch« aus Mödling.

»Ich habe das Meer gesehen. Ich kann Ihnen mit Worten nicht beschreiben, wie groß die Empfindung war, die ich hatte. Alle Dinge, welche ich bisher von der Erde gesehen hatte, Alpen, Ebenen, Wälder, Gletscher, etc. versinken zu Kleinlichkeiten gegen die Erhabenheit des Meeres….Zwei Stunden des frühen Morgens am 10en Juni blieb ich auf einen Hügel bei Optschina sitzen und sah auf das tief unter meinen Füßen liegende Meer. Wie groß ist Gott, wie herrlich seine Welt«, soweit der dicke und sicher schon ordentlich schnaufende Adalbert Stifter im Jahr 1857 in einem Brief an seinen Verleger Gustav Heckenast.

Ganz anders vom Stil und vom Niveau Franz Grillparzer. Welch Jammer, dass er sein Talent mit tragischen Jamben über das Haus Habsburg verbrauchte.

Im Frühling 1819 trat er eine Bildungsreise in den Süden an. Noch murrte der Grantscherben im Karst: »Es war, als hätte Gott hier gestanden, als er nach dem Falle des Menschen den Fluch über die Erde aussprach«. Doch dann heiteren Gemütes: »Endlich die Dogana von Optschina. – Ein Hügel! – Hinauf! – Ah! Und da lag es vor uns weit und blau und hell, und es war das Meer…Ich fürchtete nämlich um ein erhabenes Bild ärmer zu werden und nur ein richtiges dafür zu erhalten – ein zweifelhafter Gewinn für einen Dichter. Und doch fesselte mich der Eindruck so, dass ich mich kaum trennen konnte, ich hatte mir das Meer nämlich nicht so schön gedacht, nicht so unbeschreiblich schön.«

Und ich werde es wieder verlassen, noch liegt es vor mir weit und blau und hell, und es ist das Meer. Wieder zu Fuß zurück nach Villa Opicina. An einer Kreuzung wurde offenbar vor Kurzem durch angereihte Poller ein Kreisverkehr installiert, in der Mitte des Kreisverkehrs, geschützt von den Pollern – wo sonst? – parken drei Mopeds. Ich biege nach links in die Via di Prosecco und nähere mich dem ehemaligen Grenzbahnhof von Villa Opicina. Nun, das riesige Gebäude ist so ziemlich tot, an den unüberschaubaren Gleisanlagen wird gebaut, vielleicht werden die meisten demontiert, sie werden ohnehin nicht mehr gebraucht. Einige Eisenbahner sitzen rauchend im noch vorhandenen Eisenbahner-Beisl. Ich geselle mich zu ihnen, höre den Eisenbahnern beim Italienisch-Tratschen zu und nippe an meinem Kaffee.

Zwei Stunden später habe ich im »Daneo« ein Zimmer bezogen. Noch einmal Schlendern durch die »Wiener Straße«. Hier ist ein Laden nach dem anderen aufgefädelt, man erhält nahezu alles in den kleinen Geschäften. Knopf&Zwirn, Farbe&Lacke, Hunde&Futter. Das normale Dorfleben scheint hier noch recht gut zu funktionieren: Der jeweilige Käufer parkt vor dem Laden mitten auf dem Gehsteig, geht hinein, kommt nach fünf Minuten mit einem vollen Sackerl heraus, steigt ins Auto und macht dem nächsten Käufer Platz.

Dann in ein Straßenbeisl auf ein Bier. Aha, die Menge des Bieres sinkt, dafür steigt der Preis. Wenn man in Italien ein großes Bier bestellt, erhält man 0,4 Liter, und das Bier schäumt in einem etwas größeren Römerglas. Selber schuld, wenn man in Italien ein birra Forst bestellt.

Leider hält die Struktur der Gaststätten jener der Geschäfte nicht stand. Die großen Wirtshäuser mit vorgelagertem Garten in der Nähe der Endstation der Linie 2 haben zugesperrt, vor einigen Jahren gab es hier noch genug Plätze für die Ausflügler aus Triest. Es dominiert schon wieder der Typus: Fertigpizza + Aludose. Ich besuche eine »Pizzeria« und bestelle ein Roastbeef: Zäh wie Schuhabsatz. Neben mir kauen etliche an Pizzen und trinken aus den grässlichen Aludosen. Und die meisten holen sich die fertige Pizza im Karton und hüpfen damit freudig in ihr Auto.

Wenn man zu Fuß durch die Gegend streift, erkennt man die Spätfolgen dieses kulinarischen Endsieges. In den Straßengräben – und wenn es keine Straßengräben gibt, dann an den Straßenrändern – kugeln auch hier massenweise die leeren Aludosen herum. Die Zielgruppe scheint somit klar: Rassige Autofahrer, die beim Autofahren an den Dosen nippen, die Flügel verleihen, um sie danach aus dem offenen Fenster zu werfen. Wie damals auf der Pohorje.

Was habe ich hier vor zehn fünfzehn Jahren noch alles in den Wirtshäusern gespeist! Karstschinken, also den Pršut, mit Oliven, eine Jota, also eine Suppe, mit Speck und Bohnen, Štruklji, geschmortes Karstlamm, dazu den Teran. Dass ich nicht vergess zu erzählen. Der Teufel und der liebe Gott treffen sich regelmäßig zum Geburtstagsfest – manche meinen zu Neujahr – und schenken einander eine Flasche Teran. Dann prosten sie sich zu: živio! Lang sollst leben! Deshalb hat der Teran den himmlischen Geschmack und das teuflische Aussehen.

Heute würden sie eher abdanken, der liebe Gott und der Teufel, und sich aus der Religion zurückziehen, ehe sie mit dem Bier im Römerglas ihr Geburtstagsfest feiern, und aus dem Fegefeuer heraus verteufeln sie die Fertigpizza. Aber niemand schenkt ihnen Gehör.

Der Herr Oberdan und sein Attentat · An der Mole landet das erst italienische Schiff · Seine Majestät der Kaiser schweigt

Am nächsten Tag fahre ich mit der Linie 2 hinunter nach Triest. Die Linie 2 ist eine wunderbare Straßenbahn, die dem Passagier einige willkommene Überraschungen bietet. Sie startet in Opčine, fährt zum Obelisken und folgt dann im Wesentlichen der alten Reichsstraße. Doch wir erinnern uns: Wir müssen den Niveauunterschied zwischen der Hochfläche des Karstes und der Stadt Triest überwinden. So bleibt der einwaggonige Zweier plötzlich stehen, eine Zugmaschine wird vorgespannt, und als Standseilbahn überwindet unsere Tram die Steilheit des Karstabbruches. Und das Ganze für die Techniker: Das Seil ist 930 Meter lang, die Steigung erreicht 26% Prozent, die Geschwindigkeit beträgt als Standseilbahn 8 km/h, als Straßenbahn 15 km/h, die Spurweite des Schienenstranges ist genau ein Meter.

In der Ebene der Stadt angelangt, wird die Zugmaschine wieder abgekoppelt, der einwaggonige Zweier wird vom stehenden Fahrer erst zur Piazza Dalmazia gekurbelt und von dort mitten auf die Piazza Oberdan: Endstation, alles aussteigen.

Kein Platz ist treffender als der Piazza Oberdan, um das Ende der Verbindung Wien – Triest zu markieren. So hat die Topographie einen Sinn. Noch immer wird er abgegrenzt von der Albergo Posta, die an jene Zeit erinnert, als noch die Postkutsche einmal wöchentlich die Strecke Wien-Triest auf der Reichsstraße bewältigte. Auf beiden Seiten des Platzes zwei Zwillingsbauten, beide im Stil des Wiener Historismus, einer wurde übrigens von Boris Podrecca restauriert, jenem Architekten mit Triestiner-Belgrader Herkunft. Gegenüber ein monumentaler Bau aus der Phase des italienischen Faschismus; weiters das »Casa del Combattente«, in der man jene adaptierte Zelle besichtigen kann, in der der Namensgeber des Platzes, unser Guglielmo Oberdan, verbittert auf seinen Tod wartete.

Mit der Hinrichtung dieses Willi Oberdank hat die österreichische Verwaltung einen Sturm der Entrüstung der italienischen Irredentisten ausgelöst. Um diesen zu verdauen, muss ich erst in die nahe Bar Tivoli zu einem wunderbaren Cappuccino.

So. Jetzt kann ich wieder in historischen Kreisläufen denken. Im Jahre 1878 desertierte der zwanzigjährige Willi Oberdank aus Habsburgs Armee, weil er die Gemetzel bei der Okkupation von Bosnien und Herzegowina nicht ertragen konnte. Er floh nach Italien, genauer nach Rom, wo er sich dem irredentistischen Kreis »Circolo Garibaldi« anschloss und für die Befreiung der Stadt Triest vom österreichischen Joch agitierte.

Am 16. September 1882 überschritt er mit drei weiteren Verschwörern illegal die Grenze, wurde aber von österreichischen Gendarmen aufgegriffen. Die Verschwörer wehrten sich und verletzten einen der Gendarmen an der Hand. Zwei konnten fliehen, Willi Oberdank, der seinen Namen in der Zwischenzeit zu Guglielmo Oberdan italienisiert hatte, wurde erwischt und in Triest inhaftiert. In seinem Rucksack hatten die Gendarmen eine Bombe, andere Berichte sprechen von zwei Bomben, entdeckt. Auf die Frage, was er denn mit der Bombe vorgehabt hätte, antwortete er ein bisschen zu übermütig und keck: »Den Kaiser von Österreich begrüßen.«

Das war's auch schon. Die Delikte lauteten: Desertion vor dem Feind, versuchter Mord und Hochverrat. Das Gnadengesuch seiner ledigen Mutter Josepha Maria Oberdank beim Ministerpräsidenten Eduard Taaffe blieb vergeblich. Am 20. Dezember 1882 wurde Oberdank – oder Oberdan – durch den Strang hingerichtet.

Und die Irredentisten verfügten nun über einen willkommenen Nationalheiligen, der Zeugnis ablegte vom brutalen Vorgehen der österreichischen Besatzer gegen einen zufällig ein Bomberl im Rucksack herumschleppenden Italiener, der in Wirklichkeit ein Österreicher war. Wallfahrten wurden von den italienischen Nationalisten organisiert zu der Todeszelle, im Faschismus wurde er als Märtyrer der Bewegung verherrlicht. Und der geräumige Platz vor seiner winzigen Todeszelle erhielt seinen Namen: Piazza Oberdan.

Und genau dort endete die alte Reichsstraße, die Wien mit Triest verband, denke ich mir beim letzten Schluck meines Kaffees. Und so schnell geht es, und man wird vom Freiheitskämpfer zur Galionsfigur des Faschismus.

Aufbruch aus der Bar Tivoli. Triest, dieses mit sich selbst hadernde multiethnische Triest, dieses brüchige österreichisch-italienisch-slowenische Konglomerat, kann man nicht verstehen ohne den Besuch der Molo Audace. Sie ragt seitlich der Piazza Unità 200 Meter ins Meer hinaus, keine Schiffe ankern mehr im Hafen, keine Schiffe liegen an der Mole, die wie ein offenes Messer ins Meer sticht. An der Spitze der Mole ein fein säuberlich geputzter Anker mit folgendem Text: »APPRODO A QUESTO MOLO LA R. NAVE AUDACE PRIMA COL VESSILLO D'ITALIA III NOVEMBRE MCMXVIII«. Hier landete am 3. November 1918 das erste italienische Schiff, besagte Audace, zu deutsch der Kühne, unter frenetischem Jubel der italienischen Bevölkerung.

Bis dato hieß diese Mole nach dem österreichischen Sechserkarli Molo San Carlo, doch ab dem 3. November 1918 begann für das nicht mehr auf österreichischem Territorium, sondern auf italienischem liegende Triest eine neue historische Ära. »Italien kommt. Es kommt waffenumgürtet, gekürt mit dem Lorbeer des Sieges, den Olivenzweig des Friedens in der mächtigen Hand«, schrieb damals der Publizist Silvio Benco.

Doch die riesigen Hoffnungen, die dem neuen Nationalstaat Italien galten, wurden nicht ganz erfüllt. Triest gehörte zwar zu Italien, wie es die italienischen Patrioten und Freiheitskämpfer erwünscht hatten, aber die Zentrale in Rom kümmerte sich kaum um das ferne an der Grenze gelegene und von vielen Slowenen bewohnte Triest. Schon der erwähnte Scipio Slataper hatte auf die Antinomie hingewiesen: ethnische Identität contra wirtschaftliche Prosperität, Bezug zu

Rom, oder Bezug zu Wien, du kannst nur eines von beiden haben und das andere verlierst du.

Jetzt möchte ich noch jenem meinen Tribut erweisen, dem ich die Reichsstraße verdanke: dem Kaiser Karl VI. Von der alten Mole schlendere ich zur Piazza dell' Unita d' Italia und sichte erst den Brunnen der Fortuna mit den vier Erdteilen. Die Fortuna wird von den Tauben übel zugerichtet, ich versteh nicht, wie kann sie ihr Füllhorn leeren auf die vier Kontinente, wenn sie dabei ordentlich zugeschissen wird, und nur dem vergessenen Australien bleibt die Schmach der Zugeschissenheit erspart. Übrigens hatte die Fortuna Pech, sie musste von ihrem ursprünglichen Platze auf dem Platz weichen, weil sie Mussolini ein wenig im Wege stand. Das Denkmal – so die Faschisten – hätte die geschlossenen Ovationen der dicht gedrängten Menschenmassen behindert und musste auf die Seite weichen.

Nicht weichen musste eigenartigerweise auf dem politisch besetzten und gegen Österreich gerichteten Platz mit dem Namen »Einheit Italiens« unser Karl VI. Er thront seit 1728 auf dem Podest, ich halte das Diktaphon zu ihm hinauf, er spricht mir nichts. Ich entschuldige mich höflich für die Formulierung Sechserkarli, er lächelt mir nicht. »Seine Majestät haben Triest am 18.3. 1719 zum Freihafen erkoren und damit seine wirtschaftliche Prosperität begründet!«, rufe ich ihm zu. Er wackelt mir mit keinem Ohrwaschel. Ich seufze zu ihm hinauf. Er seufzet mir nicht zurück.

Schwierig ist das mit den Kaisern, denke ich mir, verabschiede mich vom Sechserkarli und schlendere hinüber zum Canale Grande, dem eine Folge von weiteren Kanälen hätte folgen sollen, die ihm aber nicht gefolgt sind. Diesmal rede ich nichts mit James Joyce, der linkerhand auf der Brücke über den Canale Grande verweilt. Sollte seine Körpergröße stimmen, so war er um sieben Zentimeter kleiner als ich. Ich halte erst am Piazza della Liberta, mit Blick auf dem Bahnhof, setze mich auf ein Bankerl und formuliere die Quadratur der Stadt.

Also die Stadt besteht aus vier Vierteln. Ein Viertel – der Borgo Teresiano – könnte locker in jeder habsburgisch dominierten Stadt reüssieren. Kein Wunder, ließ doch die Kaiserin Maria Theresia – die Tochter von jenem Secherkarli, von dem ich mich soeben verabschiedet hatte – die Salinen aufschütten und auf dem neu gewonnenen Terrain Wiener Paläste errichten. So nebenbei erwähnt steht vor mir am Freiheitsplatz die Statue der vorletzten Kaiserin der Monarchie, die 1898 am Genfersee ausgerechnet von einem italienischen Anarchisten umgebracht wurde.

Das zweite Viertel orientiert sich zur Italianità – oder ihrem Klischee. Enge, steile Gassen, Stiegenaufgänge, unvermutete Ecken, streunende Katzen, herrliche Bars, in denen man Zigaretten kaufen kann, kleine Läden, der Padrone sitzt Kaffee trinkend und mit Passanten plauschend vor der Eingangstür.

Das dritte Viertel ist ein Politikum, es ist das slowenische. Wie Wien vor 100 Jahren als zweitgrößte tschechische Stadt galt, so war Triest damals die zweitgrößte slowenische Stadt, manche Historiker schwärmen sogar von der größten slowenischen Stadt und dem natürlichen Zentrum des slowenischen Siedlungsraumes, da es im damaligen Laibach weder Hochschulen noch Ämter noch bedeutende Kultureinrichtungen gab. Oft vorkommende Namen wie Stuparich zeugen von der slawischen Vergangenheit der Stadt.

Doch unter Benito Mussolini wurden die Slowenen gerichtlich verfolgt, ausgesiedelt, oder gewaltsam italienisiert. Nach dem Krieg gab es endlose Verhandlungen um den Status der Stadt, auf die sowohl Italien als auch Jugoslawien Ansprüche stellten. Erst mit dem Vertrag von Osimo, der 30 Jahre nach Kriegsende – 1975 – unterzeichnet wurde, entspannte sich die Situation.

Das vierte Viertel ist ein eigenartiges Viertel, weil es eigentlich nicht mehr existiert. Es ist das Hafenviertel. Im Hafen ankerten noch vor 100 Jahren Hunderte von Schiffen, am Kai

verband die Rivabahn die beiden Kopfbahnhöfe der Stadt, den der Südbahn und den der Staatsbahnen.

Heute liegt das Hafenviertel logischerweise am Meer, allein es fehlt der Hafen, und mit dem fehlenden Hafen gehört auch das sogenannte Treiben im Hafenviertel der Vergangenheit an. Ich spucke sicherheitshalber in das hafenlose Meereswasser, blicke wieder einmal kontemplativ auf die Wogen&Wellen und gedenke, mich vom Meer zu verabschieden.

Ja, auf irgendeinem Weg muss ich Triest verlassen, muss zurück von der Adriastadt zur Donaumetropole.

Nach reichlicher Überlegung erwäge ich drei Varianten:

Variante eins: Mit dem Zug, Abfahrt die klassische Stazione Centrale an der Piazza della Liberta. Aber es gibt keine Züge nach Wien. Im Zuge der Dekonstruktion der Eisenbahn wurde der Bahnhof zu einem Lokalbahnhof degradiert, man kann gerade noch nach Venedig fahren, zwei Züge gibt's nach Mailand. Die historische Größe des Bahnhofs widerspricht seiner gegenwärtigen Bedeutung. Übrigens ist auch die Ghega-Widmung mit dem Dank für seine Verbindung nach Wien auf alle Zeiten verschwunden.

Ich müsste mit dem Zug nach Venedig fahren, von dort mit dem Bus weiter nach Villach oder nach Salzburg, von dort... nein danke, ich bin ja nicht deppert.

Variante zwei: Vom Busbahnhof hinüber ins slowenische Koper, von dort mit Bus oder Bahn nach Laibach, von dort... verzichte ich, weil mit der Koperbahn bin ich schon x-mal gefahren, das wird auch im nächsten Kapitel vorkommen, ich kenne die Strecke sozusagen auswendig.

Also bleibt mir die dritte Variante: Ich gehe zu Fuß nach Sežana zurück. Also gut, so wird's gemacht. Ich fahre mit meinem Lieblingszweier nach Villa Opicina hinauf, schlendere an den unzähligen Läden des Ortes vorbei, und kaufe mir schlussendlich zwei Flaschen birra Forst.

Nach dem ersten Schluck schau ich auf das berühmte Straßenschild »Strada per Vienna, Dunajska cesta, Wiener Straße«.

Wenn ich jetzt zu Fuß weitergehe, bin ich in dreißig Tagen in Wien. Oder möglicherweise in einunddreißig Tagen. Bei gutem Wetter. Sonst in zweiunddreißig. Sofern nichts dazwischenkommt. Eine opulente Weinkost in einer Osmizza im Karst, eine Grottenfahrt in der Höhle zu Postojna, eine Kletterei von der Kredarica auf den Gipfel des Triglavs.

Aber das wird der Beginn für ein neues Buch sein.

Die Südbahn

Der Kampf der Giganten ▪ Mehr Staat oder
mehr privat, das war schon damals die Frage ▪
Das Ende der Internalisierung und
die Entstehung der Nationalstaaten

Natürlich kommt man nicht nur zu Fuß oder mit dem Fahrrad
oder mit dem Wagen von Wien nach Triest. Ein wichtiges Verkehrsmittel fehlt noch, obwohl es peripher in manchen Passagen des Buches immer wieder auftaucht: die Südbahn. Und
die Südbahn wurde eigentlich gebaut, um Wien mit der damals wichtigsten Handelsstadt der Monarchie zu verbinden:
mit Triest.

Eigentlich begann die Geschichte der Südbahn mit dem
Freiherrn von Sina. Wer von der Triester Straße in der Gegend
von Bad Vöslau nach Westen wandert, der kann die Spitze der
Sinawarte erblicken, die in der Nähe des Eisernen Tores gerade
noch über die Wipfel der sie umgebenden Bäume ragt. Der legendäre Georg Simon Freiherr von Sina, zu seiner Zeit – in
der ersten Hälfte des 19. Jahrhunderts – nach dem ebenso legendären Baron Rothschild der zweitreichste Mann der Monarchie, ein griechischer Einwanderer und Freund des gräko-
philen Architekten Theophil Hansen, gründete ebenso wie
sein aus Frankfurt zugewanderter Konkurrent Rothschild
ein »Bankhaus«. Besagtes Bankhaus Sina erhielt am 2. Jänner
1838 das »kaiserliche Privilegium«, eine Eisenbahnstrecke von
Wien nach Süden zu bauen, also von Wien über Meidling, Baden und Bad Vöslau nach Wiener Neustadt. Laut Ursprungs-

plan sollte von dort in einem Bogen die alte ungarische Handelsstadt Raab/Györ erreicht werden.

Doch die bösen Ungarn verfolgten eigene Pläne: Nach einem Budapester Entschluss zum Bau der »ungarischen Centralbahn«, die ebenfalls den Raum Raab/Györ erschließen sollte, verlegte der Freiherr Sina seine Energie auf die Verlängerung seiner Bahn in Richtung Süden, in Richtung Triest: Der Betrieb von Wien nach Wiener Neustadt wurde 1941 aufgenommen, nach Gloggnitz schließlich 1842. Die gesamte Linie nach Gloggnitz sowie den Wiener Bahnhof der sogenannten »Gloggnitzer Linie« errichtete Sinas Lieblingsarchitekt Matthias Schönerer – Vater des allseits bekannten und berüchtigten Georg Schönerer – als Kopfbahnhof auf dem Gelände des ehemaligen Wiener Südbahnhofes. Ich sag noch immer Südbahnhof, weil der Volksmund diese Bezeichnung sicher beibehalten wird, auch wenn die ÖBB den Wiener Zentralbahnhof als Schleuse der Ewigkeit glorifizieren werden.

Der Bahnhof der Gloggnitzer Linie bildete übrigens mit dem gegenüberliegenden Bahnhof der Raaber-Linie und dem dazwischen situierten Verwaltungsgebäude eine strukturelle und architektonische Einheit. Und die Gloggnitzer Linie erfreute sich größter Beliebtheit bei einer Schicht von Kunden, die anfangs noch eine unbekannte Größe war und die ursprünglich nicht zum anzusprechenden Kundenstock für die Bahngesellschaft zählten, den Ausflüglern oder den »Vergnügungsreisenden«! Längst fuhr pro Jahr mehr als eine Million »Lustreisende« mit der Bahn gen Süden. So konnte die Bahnverwaltung am Wochenende pro Tag über 30.000 Fahrscheine verkaufen! An exquisiten Orten, die nun durch die Bahn besser erschlossen wurden, etwa »in der Brühl«, spielte an lauen Sommerabenden die Band von Johann Strauß Vater zum Tanze auf. Selbstverständlich durfte bei den gängigen Hits des Walzerkomponisten der »Eisenbahn-Lust-Walzer« nicht fehlen.

Manche der »Vergnügungsreisenden« fuhren bis Gloggnitz, stiegen sodann auf den Semmeringpass, übernachteten im

»Erzherzog-Johann«, um am nächsten Tag wieder am selben Weg zurückzukehren. Der Alpentourismus begann ...

Kritiker hingegen warfen Matthias Schönerer vor, eine Trasse für Ausflügler und Rotweintrinker erbaut zu haben, die er mit einem überflüssigen Tunnel – den Busserltunnel – überraschen wollte. Die aufstrebenden Industrieorte mit ihren Manufakturen im Wiener Becken ließ er bei seiner Routenwahl hingegen links liegen. Was soll's: Die für die Aktionäre der Gesellschaft ausgeschütteten Dividende in den Jahren nach 1848 stiegen zwischen 6% und 9%. Damit war Ziel und Zweck einer Eisenbahngesellschaft eigentlich schon erreicht.

Für die Verbindung nach Triest tauchte aber ein großes Problem auf: der Semmering. Schon der Weiterbau von Gloggnitz auf den Sattel hinauf war für die Sinagruppe ein zu kostspieliges Unternehmen, hätte man doch eine beträchtliche Summe in die Gebirgsbahn investieren müssen. Zudem konnte man keine gesicherten Angaben über mögliche Gewinne verlautbaren, da ja zur damaligen Zeit keine einzige Dampflokomotive zur Verfügung stand, welche die auf den Semmering zu erwartenden Steigungen bewältigen konnte.

In der Zwischenzeit hatte der Staat, der ja schon im kaiserlichen Weihnachtsentschluss von 1841 sein Interesse an einem effizienten Eisenbahnnetz bekundete, oder genauer die »k.k. südliche Staatsbahn«, an der Südverbindung nach Triest in der Steiermark und im heutigen Slowenien viel Geld investiert. So konnte man bereits 1849 von Mürzzuschlag bis nach Laibach/Ljubljana mit dem Dampfzug reisen. Auch am Weiterbau nach Triest wurde schon gebaut – offen blieb nur noch die Verbindung von Gloggnitz nach Mürzzuschlag, also die Überwindung des Semmerings.

Über die spektakuläre Gebirgsstrecke mit den 15 Tunnels und 16 Viadukten und ihrem hartnäckigen Konstrukteur Carlo di Ghega erschienen ja bereits unzählige Sachbücher und Bildbände. Über den Wettstreit der vier Lokomotiven mit dem Namen »Bavaria«, »Seraing«, »Wiener Neustadt« und

»Vindobona« um die Fahrt auf den Eichberg schrieben Loko-
motivfanatiker Band um Band. Auch der Widerstand mancher
Bauern und der Wirte von Schottwien wurde literarisch ge-
würdigt. Und über das heute eher kleine Schottwien wurde in
diesem Buch bereits berichtet.

Interessant scheint in diesem Zusammenhang die Frage:
Warum bekundete der Staat gerade im Revolutionsjahr 1848
seine Bereitschaft, hohe Investitionen in die Semmeringt-
rasse zu tätigen? Logische Antwort: Es galt doch, einerseits
die hungernden Arbeiter in Wien zu beruhigen und sie fernab
der noch immer stark brodelnden Hauptstadt zu beschäftigen, andererseits so den revolutionären und aufrührerischen
Elan der Massen zu durchkreuzen und zum Stillstand zu bringen. Der Minister für öffentliche Arbeiten, Andreas Freiherr
von Baumgartner, dachte Mitte 1848, die protestierenden Arbeiter zur Donauregulierung im Großraum Wien einzusetzen.
Doch im Oktober 1848 entschloss er sich für ein staatliches Ar-
beitsbeschaffungsprogramm durch den Bau der Semmeringbahn. Noch während der Oktoberkämpfe in Wien wurden
in Sonderzügen massenweise Arbeiter in Eisenbahnwaggons
nach Gloggnitz gekarrt. Im nächsten Jahr – die Revolution in
Wien war längst von den kaiserlichen Truppen niedergeschlagen worden – mussten 20.000 Arbeiter – Bergleute, Maurer,
Zimmerer, Steinmetze, Erdarbeiter sowie viele ungelernte Arbeiter – an Ort und Stelle in campartigen Holzbaracken untergebracht werden. Mit primitiven Werkzeugen wie Hammer,
Meißel, Fäustel, Handbohrer, Hacke, Schaufel und natürlich
mit Schwarzpulver versuchten sie, die Passstrecke über den
unwegsamen Semmering zu errichten. Die hygienischen Be-
dingungen und die sanitären Anlagen waren dabei völlig un-
zureichend, in den Massenlagern brachen Epidemien aus. Am
»Pestfriedhof« der Ortschaft Klamm wurden im Jahr 1850 insgesamt 303, im Folgejahr 282 Menschen bestattet.

Doch der »Fortschritt« siegte: Am 17. Juli 1854 wurde von
der Staatseisenbahn der reguläre Verkehr über den Semmering

K. K. PRIV. SÜDBAHN-GESELLSCHAFT (ÖSTERREICH)
WIEN-TRIEST
Directe
Zugsverbindungen

aufgenommen. Kurz vor dem Termin – wie bereits berichtet – fuhr der Kaiser Franz Joseph I. mit Carlo di Ghega in einem offenen Güterwagen; bei jeder Erklärung des Baumeisters wurde die Lokomotive angehalten und der junge Kaiser ließ sich – angeblich interessiert lauschend – informieren.

Nach der nun fertiggestellten Strecke Gloggnitz – Mürzzuschlag – Triest wollte der staatliche Riese »k.k. südliche Staatsbahn« die dem Bankhaus Sina gehörende Reststrecke von Wien nach Gloggnitz abkaufen. Zu diesem Zwecke erwarb die Direktion ein beachtliches Aktienpaket der Wien-Gloggnitz-Bahn, weiters drohte sie mit einer von Carlo di Ghega zu errichtenden Parallellinie neben den alten Geleisen der Sinabahn. Derart unter Druck gesetzt stimmte die Direktion der Gloggnitzer Linie am 6. 7. 1853 dem Verkauf an den Staat zu. Am 4. 8. 1853 wurde der Vertrag unterzeichnet: Der »Südbahn« gehörte die Verbindung von Wien bis in die Freistadt Triest. Die Übernahmekommission sparte nicht mit Kritik an der Sinabahn: Der Fahrpark sei ungenügend und mangelhaft, beim Zustand der Schienen hätte die alte Gesellschaft einen Bescheid des Handelsministeriums nicht befolgt und keine Investitionen getätigt.

Und dem Freiherrn von Sina, der so ambitiös begonnen und die Herrschaft über die Bahnlinien südlich der Donau angestrebt hatte, blieb nicht viel mehr als eine Aussichtswarte am Eisernen Tor auf dem Hohen Lindkogel bei Bad Vöslau. Und selbst diese 1856 errichtete Warte ist eigentlich nicht ihm, sondern seinem Sohn Simon Georg Freiherr von Sina gewidmet. Mit einem guten Feldstecher kann man von der Spitze der Warte die Gleise der Südbahn erkennen.

An der Stelle des alten Bahnhofes der Gloggnitzer Linie wurde vom Hochbauspezialisten der Südbahn, von Wilhelm von Lattich, 1869 bis 1874 der Südbahnhof errichtet. Von dort ging's ohne Umsteigen nach Triest, die klassische Route führte über Graz, Maribor, Laibach/Ljubljana, Adelsberg/Postojna und den Karst in die adriatische Hafenstadt. Weiters gehörten zur Südbahn auch viele ungarische Strecken sowie die Brenner- und die Pustertalbahn.

Wie die anderen Bahngesellschaften in der Monarchie setzte die Südbahngesellschaft ihren Chefarchitekten bei allen wichtigen Bahnhofsbauten ihrer Linie ein. Das Baubüro von Wilhelm von Flattich sorgte so für eine einheitliche Gestaltung und geschlossene Wirkung aller Bahnhöfe der Südbahn. Ihre durchwegs aufwendigen und repräsentativen Aufnahmsgebäude sollten den Ruhm und die Glorie der Bahnstrecke beziehungsweise deren Gesellschaft dem staunenden Passanten verkünden.

Wilhelm von Flattich errichtete nebst dem Wiener Südbahnhof auch den zweiten Kopfbahnhof der Südbahn, den Bahnhof in Triest. Zusätzlich zu diesem Twin-City-Konzept hatte er für alle Strecken der Südbahn Typenprojekte in fünf verschiedenen Größen geplant. Nach dem tatsächlichen Bedarf suchte die Bahngesellschaft am jeweiligen Ort die geeignete Typengröße aus.

Und nun folgte das nächste Kuriosum: Der Staat hatte viel investiert in die Verbindung Wien – Triest und könnte nun die Früchte seiner Tätigkeit in Form von hohen Gewinnen ernten. Doch nein, es folgte die Phase der Liberalisierung, die Phase der Entstaatlichung, und der Staat verkaufte oder verscherbelte alles, was zum Verscherbeln war, und so manche Glücksritter und Spekulanten lachten sich ins liberale Fäustchen. Wer keine Parallelen zur Gegenwart erkennt, ist selber schuld.

Auch die mit so vielen Mühen errichtete Südbahn wurde gemäß dem Entstaatlichungsgesetz von 1854 privatisiert. Von nun an gehörte sie einem privaten Konsortium mit dem Pariser und dem Wiener Bankhaus Rothschild, die meisten Aktien waren in französischer Hand, die Generaldirektion war jedoch in Wien stationiert. Bis in den Ersten Weltkrieg wurden an die Aktionäre hohe Dividende ausbezahlt. Doch äußerst gering war die Mittel, die die Direktion für Investitionen der Bahnstrecke zur Verfügung stellte. Der französische Direktor der Südbahngesellschaft, der Hasardeur Paul Eugene Bontoux, verließ den Kernbereich eines Eisenbahnunternehmens und zeigte eher wirtschaftliche Ambitionen. Im Jahr 1881 vereinigte er die sechs wichtigsten an der Südbahn liegenden Eisen- und Stahlwerke der Steiermark zur »Österreichischen-Alpinen Montangesellschaft«. Parallelen zur Gegenwart sind offenkundig: Als im Jahr darauf seine Bank Pleite ging, wurde er wegen Bilanzenfälschung, Betrug und weiterer Delikte zu fünf Jahren Gefängnis verurteilt.

Die Aktionäre der »Alpin-Montan« brauchten sich hingegen über ihren Lebensstandard keine großen Sorgen machen. 1881 hatte eine Aktie einen Nennwert von 55 Gulden, in der neuen Währung 110 Kronen. Im Jahr 1912 erreichte sie schließlich einen Kurs von 1.110 Kronen.

Trotz der geringen Investitionsbereitschaft seitens der Direktion ging es der Südbahngesellschaft nicht schlecht. Sie profitierte erstens vom Gütertransport vom Freihafen Triest nach Wien und umgekehrt, und zweitens sehr stark vom individuellen Reiseverkehr. So war es folgerichtig, dass die Direktion auch im sich in dieser Zeit entwickelnden Tourismus ein repräsentatives Standbein aufbaute. Sie errichtete 1878 in Toblach im heutigen Italien ihr Südbahnhotel, in dem übrigens Gustav Mahler gerne verweilte, sie stellte – wie im Buch bereits berichtet – 1881 auf dem Semmering ihr Südbahnhotel in die Kulisse einer bizarren Gebirgslandschaft, und wieder drei Jahre später, 1884, folgte in der kroatischen Hafenstadt Abbazia, im heutigen Opatija, ihr Südbahnhotel zur See. Über diese drei Hotels müsste man eigentlich ein Buch schreiben: Sie wurden zum Treffpunkt der mondänen kakanischen Welt und zu den Cercles der Belle époque.

Alle drei Hotels waren natürlich mit der Südbahn zu erreichen, der ja auch die durch das heutige Südtirol führende Pustertalbahn gehörte. Um nach Abbazia zu gelangen, musste man in Matulji – kurz vor Rijeka – aussteigen. Von dort gab es viele Pferdegespanne und später eine Straßenbahn nach Opatija/Abbazia. Die Ursache für die Beliebtheit des Badeortes an der Riviera waren die Kuraufenthalte der Ex-Kaiserin Maria-Anna, deren Mann Ferdinand I. aufgrund seines Geisteszustandes 1848 zur Abdankung überredet wurde. Durch diesen prominenten kaiserlichen Kurgast wurde Abbazia für den Wiener Hochadel attraktiv und der Direktor der Südbahn kaufte 1882 jene Villa, in der die Ex-Kaiserin zu kuren pflegte.

Nach dem Ersten Weltkrieg wurden die Grenzen Europas neu gezogen. Dadurch gab es für die Südbahn ein neues Problem: Ihre Trasse der Südbahn führte durch drei Staaten, durch Österreich, durch das Königreich der Slowenen, Kroaten und Serben sowie durch Italien. Bei den Friedensverhandlungen in Saint-Germain suchte man nach Wegen, die Südbahn in ihrem bisherigen Bestand am Leben zu erhalten. Erfolglos. Auch nach dem offiziellen Ende der Verhandlungen von Saint-Germain wurde am selben Ort über eine mögliche Internationalisierung der Südbahn weiterverhandelt. Verworfen wurde folgendes nicht uninteressante Projekt: Eine Kommission aus Vertretern der Südbahnstaaten Österreich, Ungarn, Italien und Jugoslawien (Königreich SHS) sollte die Hoheitsrechte über die Gesamtstrecke ausüben, der Betrieb wird weiterhin von der privaten »Südbahngesellschaft« geführt. Schlussendlich wurde im »Römer Abkommen« vom 29. März 1923 etwas beschlossen, das die hochstrebenden und weitverzweigten Anfangsintentionen doch stark relativierte: Die jeweiligen Nationalstaaten sollen in Relation zur Strecke auf dem jeweiligen Territorium die Schulden der Südbahn übernehmen.

Kurz darauf wurden mit dem Bundesbahngesetz vom 19. Juli 1923 die Österreichischen Bundesbahnen neu strukturiert; die neue Generaldirektion hatte keine Lust, die fortwährend größer werdenden Löcher der noch immer privaten »Südbahn« zu stopfen. Also übernahm sie mit 1. Juli 1924 den Betrieb der Südbahnlinien auf österreichischem Territorium. Die letzte Privatlinie – sieht man von der kleinen Aspang-Bahn ab – war somit verstaatlicht worden. Die Südbahngesellschaft bestand jedoch weiter als Interessenvertretung ihrer Aktionäre sowie als Eigentümer des Südbahnhotels auf dem Semmering.

Der Verseschmied der alten Südbahn ▪ Die Grenzkontrollen und die gastronomischen Einrichtungen ▪ Abschied vom Simpsonexpress

Ich saß immer gern in Triest in der Bar Tivoli gleich neben der Piazza Oberdan und trank einen Cappuccino, oder des Abends ein Glaserl Rotwein. Den Tivoli kenn ich schließlich von meinem Wohnort Meidling, wo eine Gartensiedlung diesen schönen Namen trägt, und auch der Herr Oberdan ist mir, wie der Leser bereits weiß, nicht unbekannt.

Als unser südliches Nachbarland noch Jugoslawien hieß, hatte ich die abenteuerliche Idee, mit der Südbahn auf der klassischen Route nach Triest zu fahren und in der Bar Tivoli ein Glas Rotwein zu trinken und auf den Guglielmo Oberdan anzustoßen. Zufällig entdeckte ich kurz vor meiner Abfahrt den Bericht eines mir bis dahin unbekannten Heinrich Freiherrn von Littrow, der über seine Reise von Wien nach Triest einen noch dazu gereimten Text verfasst hatte. Also los, ich packte seinen Bericht in meine Tasche, ein kurioses Wettrennen konnte beginnen, bei dem der eine um 1870, der andere hingegen 1988 am Wiener Südbahnhof startete.

Jetzt wird es Zeit, dass ich in die Geschichte wie in einen Zug einsteige. Der Zug hieß »Emona« – der lateinische Name für Ljubljana – und führte einen Kurswaggon nach Rijeka mit. Ich stieg im alten Südbahnhof in den Zug, um 8 Uhr 22 erfolgte die Abfahrt, und noch vor Meidling bestellte ich im Speisewagen beim slowenischen Kellner meinen bela kava.

Ich legte den Fahrplan der k.k.priv.Südbahngesellschaft aus dem Jahr 1900 auf den Tisch. Nach der Annoncierung des Zuges Sankt Petersburg-Wien-Nizza – nein, nicht ins Staunen verfallen, solche Züge gab es vor dem Ersten Weltkrieg –

folgten die exakten Angaben für die Verbindung Wien-Triest. Also: Mein dichtender Reisekumpan, der Herr von Littrow, startete um 8 Uhr 15 mit dem S.Z. 4 vom Wiener Südbahnhof. Das trifft sich gut, dachte ich, offenbar starten die Züge nach Triest immer kurz nach acht, so können wir beide unsere Positionen bei der Wettfahrt stets vergleichen.

Weiters entnahm ich dem Fahrplan: Wäre mein Freiherr kein Freiherr, sondern ein Postsack gewesen, dann hätte er wohl oder übel einen anderen Zug nehmen müssen. Der Postzug P.Z. 1 fuhr um 20 Uhr 40 in Wien ab und war am nächsten Tag um 18 Uhr 50 in Triest. Auf das Versepos eines dichtenden Postsackes hätte ich mir gern einen Reim gemacht.

Nach dem zweiten bela kava – kurz nach Bad Vöslau – beobachtete ich meine Mitreisenden im locker gefüllten Speisewagen. Und ich konstatierte: Meine Mitreisenden lasen ihre Zeitung, studierten ihre Akten und Skripten, sortierten ihre Unterlagen, manche schliefen, wenige tratschten, keiner blickte hinaus, einer saß und machte Notizen.

Und er notierte, dass die Abgeschlossenheit und die Eingeschachteltheit des heutigen Reisenden nicht nur auf die Technik des Waggonbaus zurückzuführen sind, die eine kaum holpernde und vom Lärm verschonte Reise ermöglicht. Vielmehr wird das Coupe – oder der Tisch im Zugrestaurant – zum Büro, zum Studierzimmer, zum Labor, das man für die Dauer der Reise benutzt, um möglichst ungestört seine Betätigungen und Beschäftigungen zu erledigen. Mobiltelefone hat's 1988 noch nicht gegeben.

Der alte Freiherr blickte hingegen während der Fahrt hauptsächlich durch das Fenster. Und er erspähte die Spinnerin am Kreuz, den Matzleinsdorfer Friedhof, die Weinberge um Baden:

»Denn Gumpoldskirchen und Vöslau,
Das sind die Wallfahrtsorte,
Schlumberger ist der Siegfried dort
am Nibelungen-Horte.«

Und er hat die »Neustadt« bedichtet, »Bruck« bereimelt und den Venezianer Carlo di Ghega beverselt:

> »Und mag es wahr sein, daß die Römerwerke
> Nicht alle nötig, die dein Geist erschuf,
> Die riesigen Bauten zeigen Östreichs Stärke,
> Und Östreich stärken, das war Dein Beruf«.

Immerhin, als die Trasse hinter Payerbach zum Semmering hinaufführte, riskierte ich zum ersten Mal einen gewagten Blick durch das Fenster, von wegen Römerwerke und Viadukte. Doch was sollte mein Auge nach der vielleicht fünfzigsten Fahrt durch den Semmeringtunnel festhalten, wo sollte mein Blick schon hängen bleiben. Ich konstatierte: Interesseloses Wohlgefallen, und mangels eines anderen Zeitvertreibs begann ich, die Tunnel zu zählen. Nach dem zwölften Tunnel kam meine Reihenfolge ein wenig durcheinander, und ich ärgerte mich, weil ich keine Stricherlliste angelegt hatte.

Also schrieb ich ein herrliches Versepos. Und das Versepos füllte in dichter Manier: Das »Südbahn-Hotel« auf dem Semmering, weiters wurde von mir beverselt das »Panhans«, erbaut von den Theaterarchitekten Fellner und Helmer, mit den tollsten Kochrezepten zwischen weit und breit.

Dann wurde nichts mehr beverselt, denn der Hunger trieb mich in das Restaurant des »Emona«-Zuges. Zu allem Überdruss las ich, dass mein imaginärer Reisekumpan im Bahnhofsrestaurant zu Graz vortrefflich zu Mittag speiste. Also nahm ich die Speisekarte zur Hand, bestellte beim Kellner eine Omelette und den dritten Kaffee.

In der Zwischenzeit war es 10 Uhr 58, und der Vorsprung auf meinen Reisekumpan betrug in der Zwischenzeit schon gute zwei Stunden. Gesättigt schweifte mein Blick im Speisewagen. Ich war der einzige Gast, der Kellner döste in einem Winkel seiner Bar, im Nachbarwaggon hockten vier oder fünf Reisende vereinzelt in den Abteilen. Kurz vor Leibnitz servierte der Kellner wieder ab, und nach einem Blick durch das Fenster blieb mir nichts anderes übrig, als mich dem interesselosen Wohlgefallen zu ergeben. Wie gesagt, ich starrte durch das Fenster, ich starrte auf das Fenster, ich starrte auf das, was sich im Fensterglas spiegelte ...

Und wieder saß einer da und notierte. Natürlich waren die Waggons um 1900 beheizt und elektrifiziert, von wegen Reisekomfort und Bequemlichkeit in der klassischen Südbahnzeit. Qualitätsmindernd waren allerdings das starke Rumpeln des Waggons und der Rauch der Dampflokomotiven, der durch das geöffnete Fenster ins Coupe drang.

Dafür war die Fahrt wesentlich teurer. Die Fahrkarte von Wien nach Triest kostete 35 Gulden. Für einen Gulden erhielt man damals ungefähr 60 Eier. Die Fahrt nach Triest entsprach also einem Gegenwert von 2100 Eiern. Meine damalige Fahrt kostete hingegen 400 Schilling, bei einem Durchschnittswert von 3 Schilling pro Ei entsprach die damalige Fahrt einem Gegenwert von 133 Eiern, meine Fahrt war also um 267 Eier billiger als die Fahrt meines imaginären Freundes – ich darf ihn wohl so nennen – Heinrich von Littrow.

Munter und aufgeschreckt wurde ich erst an der Grenze durch die Abfolge von Pass-, Zoll- und Fahrscheinkontrollen. Das blieb freilich meinem imaginären Reisekumpan in der alten Monarchie erspart. Äußerst konsterniert wäre er gewesen angesichts der Tatsache, dass auf einem bestimmten Punkt seiner Reiseroute eine Grenze errichtet wird, die ein »hier« von einem »dort« trennt, die den Unterschied zwischen einem »wir« und einem »ihr« begründet. Übrigens, was heißt da schon »Grenze errichtet«: Bitte wie geht das. Errichtet werden Häuser oder Herrschaften oder Reiche, Grenzen hingegen werden gezogen, und wenn sie gezogen sind, dann werden sie bewacht, und wenn sie bewacht werden, dann kann geschlossen werden, wenn der Fremde versucht, sie zu durchbrechen oder zu überwinden.

Also gut. Wir waren im Vielvölkerstaat Jugoslawien, genauer in Slowenien, und der Herr von Littrow demonstrierte

seine für die damalige Zeit typische österreichische Überheblichkeit im Nationalitätenkonflikt sowie seine völlige Unklar-
heit über jenes Volk, dessen Siedlungsgebiet er soeben durch-
reiste:

»Krainerisch wird hier gesprochen,
Ein Idiom, das Niemand kennt,
Das der slavische Gelehrte
Jetzt auch gar slovenisch nennt.«
Überheblichkeit ist gut, Arroganz ist besser:
»Winden nennt man die Bewohner,
Teilt sie in vier Klassen ein«,

nämlich in die »Gorenzi«, also die Oberkrainer, die »Dolenzi«,
vulgo die Unterkrainer, die »Kraschowzi« im Karst und die
»Tschitschen«, die er völlig verfehlt und deplaciert nach Adels-
burg, also nach Postojna, zuordnet.

In Maribor bestellte ich Krainer Würste und den vierten
Kaffee, in Celje servierte der Kellner ab, und vor Ljubljana be-
glich ich meine Rechnung. Ich verließ den Speisewagen und
nahm Platz im Kurswagen nach Rijeka, der auf dem Gelände
des Bahnhofes etwa eine Stunde in aller Ruhe und Gelassenheit nicht weiter fuhr.

Also zückte ich im Kurswagen nach Rijeka den Kuli und
dichtete an meinem Versepos weiter. Ich lustwandelte am
Gestade der Ljubljanica und verweilte mit Entzücken auf den
Brücken, die der grimmige Autofeind Jože Plečnik im Zentrum der slowenischen Hauptstadt errichtet hatte. Und ich
untersuchte, wie es Jože Plečnik mit seiner Uferverbauung so
vortrefflich gelungen war, die Beziehung von Fluss und Stadt
mit den verschiedenen Übergängen und Zwischenstufen zu
definieren.

Die Abfahrt um 16 Uhr 05 riss mich aus meinen Versen.
Ein Blick auf den Fahrplan von anno dazumal: Der Vorsprung
auf meinen Reisekumpan war in der Zwischenzeit auf genau

eineinhalb Stunden geschrumpft. Gott der Bahnen, wenn wir nicht bald an Geschwindigkeit zulegen...

Mein Reisekumpan speiste übrigens in Ljubljana im Bahnhofsrestaurant – längst ist dieses durch einen Fast-Food-Laden ersetzt worden. Dann überquerten wir den Sumpf, den barje, und leider konnten wir die Reise nicht fortsetzen auf dem größten und längsten Viadukt, den es auf der Südbahntrasse gab, den Viadukt von Borovnica: Die alliierten Einheiten hatten ihn 1944 zerbombt, seither müssen die Züge einen Umweg größeren Ausmaßes in Kauf nehmen und Borovnica umfahren.

Dieser in einer Kurve errichtete Viadukt war übrigens 561 Meter lang und 38 Meter hoch, er bestand aus zwei Reihen von Steinbögen, zu ebener Erde waren 22, im ersten Stock 25 Bögen gebaut. Ein einziger Bogen – nein, nicht Bogen, nur ein Pfeiler, steht noch, aber den kann man vom Fenster des Zuges aus nicht sehen, da muss man mit dem Auto hinfahren. Ein Miniaturmodell neben dem Pfeiler illustriert die immense Wirkung des größten Viaduktes der alten Südbahn.

In Steinbrück, dem heutigen Zidani Most, speiste mein Reisekumpan schon wieder. Wie kann einer soviel essen, dachte ich missmutig, und biss in den sauren Apfel, den ich von zu Hause mitgenommen hatte.

Nach einem 40-minütigen Aufenthalt kurz nach Postojna wegen Bauarbeiten auf der Strecke verließ ich um 16 Uhr 45 in Pivka, dem früheren St. Peter, meinen Kurswagen. Um nach Triest zu kommen, musste ich hier auf den legendären Simplonexpress warten.

Noch nie war ich meinem Reisekumpan so nahe wie am Bahnhof in Pivka, das die Slowenen wie Pjuka aussprechen: Hier hat sich seit dessen Zeit praktisch nichts verändert. Das große Stationsgebäude aus dem Planungsbüro Flattich, hier eines mit Aufbauten an den Flanken und einer zweistöckigen Mittelachse. Das Schild mit der exakten Höhenangabe von 578,777 Meter. Der Warteraum mit dem Eichentisch, den

Eichenbänken, dem knarrenden Parkettboden, dem runden Holzkohleofen im Winkel und dem Stationsstrohbesen neben dem Kohlenkisterl.

Ich kannte den Warteraum schon, als in den späten Siebzigerjahren das Bild eines jugendlich beschwingten Jozip Tito in der weißen Uniform an der Wand hing. Und ich wettete mit meinem Reisekumpan, dass zu seiner Zeit genau an derselben Stelle der Franco-Pepe I. die Wand zierte. Doch die Wette wird nicht entschieden, da der Herr von Littrow sicher nicht den Warteraum visitierte. Sein Zug hielt nur zwei Minuten, und da wird er im geheizten Coupé höchstens einmal gegähnt und zweimal am Bart gezupft haben.

Aus einem zweiten Grund näherte ich mich meinem Reisekumpan an: Mein Vorsprung betrug nur noch eine halbe Stunde, das sind genau dreißig Minuten. Wird er mich hier in Pivka gar überholen?

Das Einzige, was mir in diesem Bahnhof abging, das waren – die Menschen. Im Fahrkartenschalter werkte eine Dame, aber was hieß da schon werken angesichts des fehlenden Passagieraufkommens. Sie tratschte mit einem Eisenbahner, der sich an den Stationsstrohbesen Nummer zwei lehnte. Vor dem Bahnhof führte die Straße vorbei, irgendwo weit hinten ahnte man die Konturen von Häusern, über dem Eingang zur Station brannte ein einsames Lichterl. Auf dem Bahnsteig ging einer auf und ab, rauchte eine Zigarette nach der anderen, suchte in seiner Tasche nach Äpfelresten und blickte sinnierend in die sinkende Abendsonne.

Um 17. 52 fuhr der Simplonexpress ein, ich stieg vom Bahnsteig in eines der vielen leeren Abteile, schloss hinter mir die Tür und holte den alten Fahrplan aus der Tasche: Der Vorsprung schmolz, die Spannung stieg.

Nach der Station bog links die Linie nach Rijeka – Opatija ab, und mein dichtender Kumpan schaffte locker dreißig Seiten, um die mondänen Domizile von Fiume und von Abbazia gebührend zu würdigen. Kein Wunder, galt doch Abbazia als

Treffpunkt des Hochadels, seit der verblödete Altkaiser Ferdinand I. und seine Gemahlin dort die vom Arzt verordneten Meeresbäder einnahmen. Reisen nach Abbazia wurden endgültig hoffähig, als der alternde Franco Pepe I. seiner Schratt dort eine Villa kaufte. Von nun war es chic, dass die illustren Kreise des Hochadels mit ihren bald nicht minder illustren Ärzten auf der Promenade von Abbazia lust – oder angesichts ihrer Krankheiten – leidwandelten.

Gut. Ich lustwandelte nicht, ich lustsaß höchstens im leeren Abteil des Simplonzuges, oder besser gesagt, ich leidsaß. Wir durchquerten den Karst und fielen dann steil hinunter nach Triest. »Die Wüste Östreichs«, »Arabia peträa« nannte der Herr von Littrow die Kalklandschaft mit den Dolinen und Brüchen. Ich nannte sie gar nicht und das Papier blieb leer, auf dem das Versepos sich entfalten sollte. Draußen sah man in die Finsternis der Nacht und drinnen sah man nicht einmal den Dreck unter den Fingernägeln.

Noch einmal die Grenzkontrollen, erst eine halbe Stunde im jugoslawischen Grenzort Sežana, dann fuhr der Zug fünf Minuten, dann die reziproken Grenzkontrollen in hell beleuchteten riesigen Bahnhof von Opčine. Um 19 Uhr 51 hielt der Zug fahrplangemäß in Triest. Ich stieg aus, ging durch die via Ghega zu meiner Stammbar, zur Tivoli-Bar, und bestellte einen vino rosso. Nach dem ersten Schluck folgte der zweite Schluck, dann kramte ich in der Tasche nach dem alten Fahrplan von 1900. Also: der damalige S.Z. 4 erreichte Punkt 21 Uhr den Bahnhof in Triest. Bei der Bestellung des zweiten Glases blickte ich auf die Wanduhr in der Tivoli-Bar: genau neun Uhr abends. Bravo, Sieg, ich habe das Rennen um ein Äuzerl gewonnen.

Post Scriptum:

Eine Stunde später, und ich blickte hinauf zu Kaiser Karl VI., der auf dem Rathausplatz, dem Piazza Unità d'Italia, thront. Und siehe da: Mein alter Reisekumpan, der Herr von Littrow, kroch auf den Sockel, schmiss sich in die Rüstung, klopfte mit

dem Schwert, salutierte vor dem Kaiser und hielt die donnernde Rede an die Stadt Triest:

»Verschließ dein Ohr der Politik
Im italienischen Style.
Dein Glück beruht auf Habsburgs Thron,
Dich schützen Adlerschwingen!«

Lieber Herr von Littrow, sag das bitte dem Herrn Willi Oberdank!

Am nächsten Morgen musterte ich den Schlusspunkt meiner Reise, den Zentralbahnhof von Triest. Von der alten Flattich-Konstruktion waren nur die Halle und die Außenfassade erhalten, der Bahnhof schien wie ein Kopf ohne Rumpf. Bei der Gestaltung der Halle klaubte Flattich voll im Zitatenschatz des Historismus: geflochtene Kränze, korinthische Säulen, geflügelte Pferde etc.

Ich passierte die Halle, die dem Foyer eines Ringstraßenpalais entspricht, und erreichte die Bahnsteige. Auf der Partenze-Tafel überprüfte ich die Abfahrten der Züge. Einer fuhr nach Budapest, allerdings über Zagreb, ein anderer fuhr nach Moskau, die meisten nach Udine oder Venedig. Nach Wien fuhr keiner mehr.

An Carlo di Ghega erinnerte nur mehr eine Marmortafel, auf der von einer »adriatico al danubio attraverso li alpi« die Rede war, von der Verbindung der Adria und der Donau.

War seine Mühe umsonst? Dann erging es Ghega wie mir. Mein Versepos liegt unvollendet im Simplonexpress, der gestern abends von Triest nach Paris weiterfuhr. Und irgendjemand wird es höchstwahrscheinlich vernichtet, zerrissen oder in den Mistkübel geschmissen haben.

Letzte Fahrt nach Triest ▪ Gehören die Bahnen dem Fast-Food-Konzern ▪ Endstation in Sežana

Freilich die letzte Fahrt, weil im Laufe der Zeit wird es immer abenteuerlicher – man könnt auch sagen mühseliger – mit dem Zug nach Triest zu gelangen. Schließlich gibt's den alten legendären Simplonexpress längst nicht mehr, der derweilen Paris und Istanbul verband, wobei er fast die Dimensionen der alten Petersburg-Nizza-Verbindung erreichte. Nach ein paar Kriegen und mehreren neuen Grenzen und etlichen weiteren Grausamkeiten ist die Südvariante des Orientexpresses für immer von dieser Welt entwichen.

Ohne gut bestückten Rucksack geht's nicht, aber darüber an passender Stelle. Dafür berichte ich auf der letzten Reise nur mehr komplementär, das heißt, ich erwähne ganz brav nur die positiven und verzichte vollends auf die negativen Dinge.

Also der »Emona« fährt pünktlich um 8:02 vom Bahnhof Wien-Meidling ab, na eben, wie gesagt, ich erwähne nur die positiven Dinge. Diesmal fehlt mir mein Reisebegleiter, der alte Freiherr von Littrow, und ich habe endlich mehr Zeit, mich mir und meiner Reise zu widmen. Die zahlreichen Passagiere blättern konzentriert in irgendwelchen Papieren; dann tutet bei dem, dann bei jenem eine bestimmte Tonfolge aus der Innentasche des Sakkos, und die nächsten Minuten wird bei hoher Lautstärke ein total eminentes Problem gelöst. Diese brüllenden Zugtelefonierer! Wie hat man bei meiner letzten Fahrt im Jahre 1988 ohne Mobilgeräte noch eine Zugreise bestreiten können?

In der Zwischenzeit sind viele Strukturen der Eisenbahn zerstört worden, der Betrieb der Eisenbahn hat nichts mehr mit der Verflechtung eines dichten Netzes, sondern mit Privatisieren, Spekulieren und Abkassieren zu tun, meinen so manche in Parteien und Vorstandsetagen. Dabei – die Verluste des Eisenbahnbetriebs sind immer die schlagenden Argumente – lässt sich nicht einmal eine Partei ohne Verluste führen, sie braucht für die Erhaltung ihres Betriebes anonyme Spenden und halblegale Förderungen, dabei erfüllt sie sicher nicht – wie die ÖBB – eine Aufgabe im öffentlichen Interesse. Warum soll man also einer Partei das gestatten, was man den Eisenbahnen verweigern will?

Ja, die positiven Dinge. In Wiener Neustadt steigen gar nicht viele Passagiere aus, viele Plätze im Abteil sind besetzt. Ich packe meinen Rucksack und flüchte in den nunmehr österreichischen Speisewagen und bestelle einen Kaffee. Auch hier sind viele Plätze besetzt, juchu, es gibt noch eine einzige Direktverbindung pro Tag zwischen Wien und Ljubljana, also zwischen der österreichischen und der slowenischen Hauptstadt. Da kann man vor inneren Überschwang schon seinen Kaffee auf das Tischtuch schütten.

Bald, was heißt bald, in Bälde, oder in Ferne, werden die Züge nicht mehr über den Semmering, sondern ab Gloggnitz durch den Tunnel donnern. Nach 22 Jahren Planung&Debattierung&Evaluierung wird jetzt mit dem Bau des Tunnels begonnen. Ich kann mich noch gut erinnern an die Planungen im Jahre 1990, damals sollte laut der damaligen HL-AG der Basistunnel 4,2 Millionen Schillinge kosten. Am 25.4. 2012 erfolgte der Spatenstich für den neuen Tunnel, jetzt soll der Tunnel 3,1 Milliarden Euro kosten. Innerhalb von 22 Jahren verzehnfachten sich die Baukosten, oder innerhalb eines Doppeljahres verdoppelten sie sich, den Grund mögen die Mathematiker erklären, oder soll ich schon wieder meinen Pater Ägyd fragen. Jedenfalls bin ich nach Fertigstellung des Tunnelbaus um zehn oder gar um zwölf Minuten früher in Ljubljana, und jetzt muss ich mir noch ausrechnen, ob es dann noch einen Zug geben wird, der auf dieser Strecke eingesetzt wird.

Auf der alten Ghegastrecke werden ein paar Züge pro Tag zuckeln, und es ist Gott zu danken, dass die Ghegastrecke ins Unesco-Erbe aufgenommen wurde, sie kann also nicht zerstückelt, demoliert und abgerissen werden.

Bleiben wir beim Positiven: Ich freue mich über den Bahnhof in Reichenau mit seinen Fotos, Rückblenden und Erinnerungen. So erfahre ich, dass Arthur Schnitzler bei den Damen im Orte einen bleibenden Eindruck hinterlassen hat.

Kurz nach der Station überqueren wir den Payerbacher Viadukt und ich sichte mir recht bekannte und vertraute Plätze: Das Raxbräu hat als Wirtshaus zugesperrt, als Brauerei hingegen nicht, das Bier kann gegebenenfalls im Payerbacher-Hof getrunken werden. Und im nördlichsten Pfeiler des Ghega-Viaduktes hat sich eine Vinothek etabliert, ihr Angebot kann man nicht hoch genug einschätzen: Man kann die »Südbahnweine« trinken! Ja, die Weine längs der Südbahntrasse. Obwohl »Südbahnler« nicht so toll klingt wie »Brünnerstrassler«, es ist schon eine tolle Idee, die Vinothek mit den Südbahnweinen. Bitt schön, einen Teran, einen Malvasija, einen Rotgipfler, einen Mariborčan! Leider halten die kargen und dünnen Öffnungszeiten der Vinothek nicht stand mit dem variantenreichen Angebot.

Klamm-Breitenstein – eine der letzten Bauten der Flattich-Südbahn-Ära auf österreichischem Boden. Der ehedem so viel besuchte Bahnhof Semmering steht traurig und verlassen auf dem Scheitelpunkt der Trasse. Jedoch das Positive: Die Pensionisten der ÖBB bieten Informationen zum Bahnwanderweg, der von der Scheitelstrecke hinunter zum Bahnhof Gloggnitz führt und der jenen gloriosen Ort passiert, von dem der sagenhafte »Zwanzigerblick« stammt. Zudem sichtet der Interessierte Materialien und Erinnerungen zum Bau der Semmeringstrecke, sodass man den »ehemaligen« Bahnhof tatsächlich als »Semmeringmuseum« bezeichnen könnte. Anhaltender Jubel!

Zurück zum Emona. Bis Mürzzuschlag kenne ich mich aus, die Bahn von Mürzzuschlag nach Neuberg ist auch eingestellt worden, Restaurant und Tabak-Trafik sind geschlossen, und ich bestelle beim österreichischen Kellner den nächsten Kleinen Braunen.

Ja, der Bahnhof in Mürzzuschlag. Draußen am Einersteig hat mich vor ein paar Jahren Heinzimann mit einem fiktiven roten Teppich empfangen, um mit mir im Höllentempo Schneealpe und Veitsch zu besteigen. Drinnen im Speisewagen benimmt sich mein Gegenüber äußerst unangenehm, aus seinem Mund lösen sich permanent Knack- und Zischgeräusche, dann liest er halblaut die ihm unverständlichen slowenischen Gerichte auf der Speisekarte, dann gähnt er lauthals. Ich will ihm eine schmieren, damit er verstummt. Jetzt trommelt er auch noch mit den Fingern auf den Tisch, als wäre der Tisch tatsächlich eine Trommel. Das reicht für drei Watschen. Doch unbewatscht steigt der Watschensack in Bruck an der Mur aus und fährt nach Villach weiter. Dort in das Kärntnerland, dort gehört er hin.

Der Zugbegleiter – vormals Schaffner, wer hat dieses blöde Neusprech erfunden – der Schaffner stempelt mein Ticket, Fahrkarten hat man früher dazu gesagt, und ich widme mich dem »Reisebegleiter« auf dem Tischerl im Speisewagen. Informationen über die Stationen und Anschlüsse gibt's im Reisebegleiter nur auf Deutsch und auf Englisch, die slawischen Buchstaben der Orte sind fehlerhaft gedruckt. Seit Jahren beschwere ich mich, dass das tschechische Břeclav falsch gedruckt und in den Durchsagen wie Breezlahv ausgesprochen wird. Lassen die fehlenden Kooperationen mit den Nachbarn auf gefinkelte Absicht oder auf totale Wurschtigkeit schließen?

In Graz halten wir um 10 Uhr 36, juchu. Im Murtal verhindern die beidseitigen Lärmschutzwände die Bezüge zur Außenwelt. Ich nehme also die lautere Wirklichkeit außerhalb von mir überhaupt nicht mehr wahr, ich starre links und rechts auf hässliche Lärmschutzwände. Den meisten Passagieren pressiert das nicht, sie beschäftigen sich hingebungsvoll mit den Akten oder lautstark mit den Mobiltelefonen. Oder sie dösen vor sich hin.

Die ehemalige Grenz- und Zollstation Spielfeld-Strass ist durch die abgeschafften Grenz-und Zollkontrollen nahezu überflüssig geworden. Das Personal – also die viel berühmten Zugbegleiter – sowie die Lokomotive werden ausgetauscht, die Schaffner, also die Zugbegleiter, benützen die Pause, um sich die Tschick anzuzünden. Das ist ja das Problem, das die pathologischen Antiraucher geschaffen haben: Viele dürfen auf ihrem Arbeitsplatz keine Tschick anzünden, etwa Barkeeper, Schaffner, Krankenschwestern. Und wenn sie dann notgedrungen auf dem Bahnsteig eine Zigarette rauchen, schreien die pathologischen Nichtraucher oder ihre jeweiligen Vorgesetzten: Nein, das darfst Du doch nicht, das ist ja verboten, weil wir machen das mit dem Nicht-Rauchen ja nur zum Schutz für dich und deine Kollegen. Und wo soll der Schaffner dann tatsächlich rauchen?

Woran erkennt man, dass man sich in Slowenien aufhält und nicht in Österreich – jetzt kommt die Auflösung der vorne im Text aufgetauchten Frage. An den Strommasten. Ja, an der Gestalt und Form der Leitungsmaste. In Österreich sind sie schnurgerade, geometrisch sauber; in Slowenien sind sie leicht gekrümmt und verwackelt und geometrisch unsauber. Es lebe der kleine Unterschied.

Maribor-Süd, und jeder erkennt die Vorzüge – naja, auch in Zügen hinken die Vergleiche – also die Vorteile des gemeinsamen Marktes. To je naše, wie der Österreicher sagt. Wohin der Blick sich wendet, lacht's wie dem Bräutigam die Braut entgegen: Peek Clockenburg, Interspar, Hervis. Die ausländischen Investoren haben mit geballter Faust zugeschlagen. Man kann endlich schoppen rund um die Uhr, in einer von den letztlich überbleibenden Werten Neid und Geiz gegründeten Gesellschaft. Das fidele Zwillingspaar Neid und Geiz wackelt kudernd mit den Ohren über den vermeintlichen Endsieg, und die Kirche müsste sich gewaltig schämen, weil den so retardierenden Werten wie Mitleid und Nächstenliebe schon längst die Luft ausgegangen ist.

Eigenartigerweise habe ich dauernd Hunger und muss schon an der Notration Mannerschnitten knabbern; Wir folgen dem Lauf der Flüsse und müssen die Kehren und Windungen mitnehmen; die Straße kann die Ecken abschneiden und die Wege so beträchtlich verkürzen. Jetzt haben wir 12 Uhr 51 und fahren an der Bierfabrik in Laško vorbei. Aus Laško kam der Vater von Martin Pollack, in seinem Buch »Der Tote im Bunker« schildert er recht authentisch seine Spurensuche in dem Ort, den die Deutschen damals Tüffer nannten. Der Gründer der großen Brauerei mit Namen »Laško« hieß Franz Geyer, und als Pollacks Vater – er war unter anderem Gestapo-Häuptling von Linz – nach 1945 neue Papiere erhielt – für viele Nazis kein Problem – ließ er sie auf den Namen »Franz Geyer« ausstellen. Das nutzte ihm nur kurze Zeit, 1947 wurde dieser »Franz Geyer« von einem Schmuggler am Brennerpass in der Nähe des Wirtshauses Wolf erschlagen.

Soda, um 14 Uhr 06 erreichen wir den Bahnhof von Ljubljana, von mir aus auch von Laibach. Die operative Abteilung – also jene, die für Ankunft und Abfahrt der Züge zuständig ist – besticht durch eine extrem weite Trennung zu dem Empfangsgebäude, also zur Station. Große Teile der Station gehören übrigens zum Mc-Donalds-Konzern, und ich kann mir nicht vorstellen, dass ein slowenischer Eisenbahner diese bauliche Kulturschande ohne Verfallserscheinungen jemals betreten wird. Vielleicht wird er auf einem Eisenbahngleis eine Zigarette rauchen und dabei seinen Kollegen fragen: »Glaubst du, werden die Slowenischen Eisenbahnen auch bald dem Mc-Donalds gehören? Oder die Österreichischen Eisenbahnen dem Frank Stronach?«

Der Zug Emona hat seine Endstation erreicht. Ich eile zum Inlandsschalter und kaufe eine vozovnica nach Sežana – warum, das erzähle ich später. Die Dame hinter dem Schalter erklärt mir, der Zug fährt aber nur nach Pivka, dort muss ich dann in den Bus umsteigen. – Und der Bus von Pivka fährt wirklich nach Sežana? – Ja.

Tatsache. In Pivka – bitte wie Pjuka aussprechen – hetze ich mit den anderen Passagieren zum bereits wartenden Autobus und kann mir so das aus der Gründerzeit der Südbahn, also aus der Ära Flattich, übrig gebliebene Stationsgebäude nicht mehr

anschauen. Kaum sind alle samt dem Schaffner in den Bus ge-
hüpft, schließt der Fahrer die Tür und steigt aufs Pedal.

Um halb fünf hält er in Sežana. Die Fahrt ist hier zu Ende,
mit dem Bus bleibt auch die Zeit hier stehen, nach Triest fährt
nichts mehr weiter. Dass ich nicht der Lüge bezichtigt werde:
Es gibt einen Zug, der von Slowenien nach Italien fährt. Er
fährt um 4 Uhr 15 in Sežana ab und er heißt Venezia, fährt aber
von Sežana nicht nach Triest, sondern nach Benetke, wie die
Lagunenstadt aus Slowenisch heißt. Nach Triest hinüber fährt
nichts mehr, kein Zug folgt den Spuren des vor 20 Jahren noch
fahrenden Simplonexpresses. Aus, Endstation, Stopp, jede
Verbindung ist gekappt. Angeblich wächst Europa zusammen,
nur ich krieg das nicht mit, da die für mich wichtigen Orte sich
immer mehr voneinander entfernen. Das ist das traurige Ende
der Geschichte.

Morgen werde ich also die einzige mir bietende Möglichkeit
ergreifen und den Rucksack schultern und zu Fuß nach Triest
weitergehen.

Das ist das lustige Ende der Geschichte. Die Gesamtdauer
von Wien: Zwei Tage und zwei Stunden.